Geister

verwirklichen

sich in uns

sei   wachsam

Spirits

materialize

within us

beware

Lyrik von Poetry by
Jürg Halter

Bilder von Images by
Uwe Wittwer

Scheidegger & Spiess

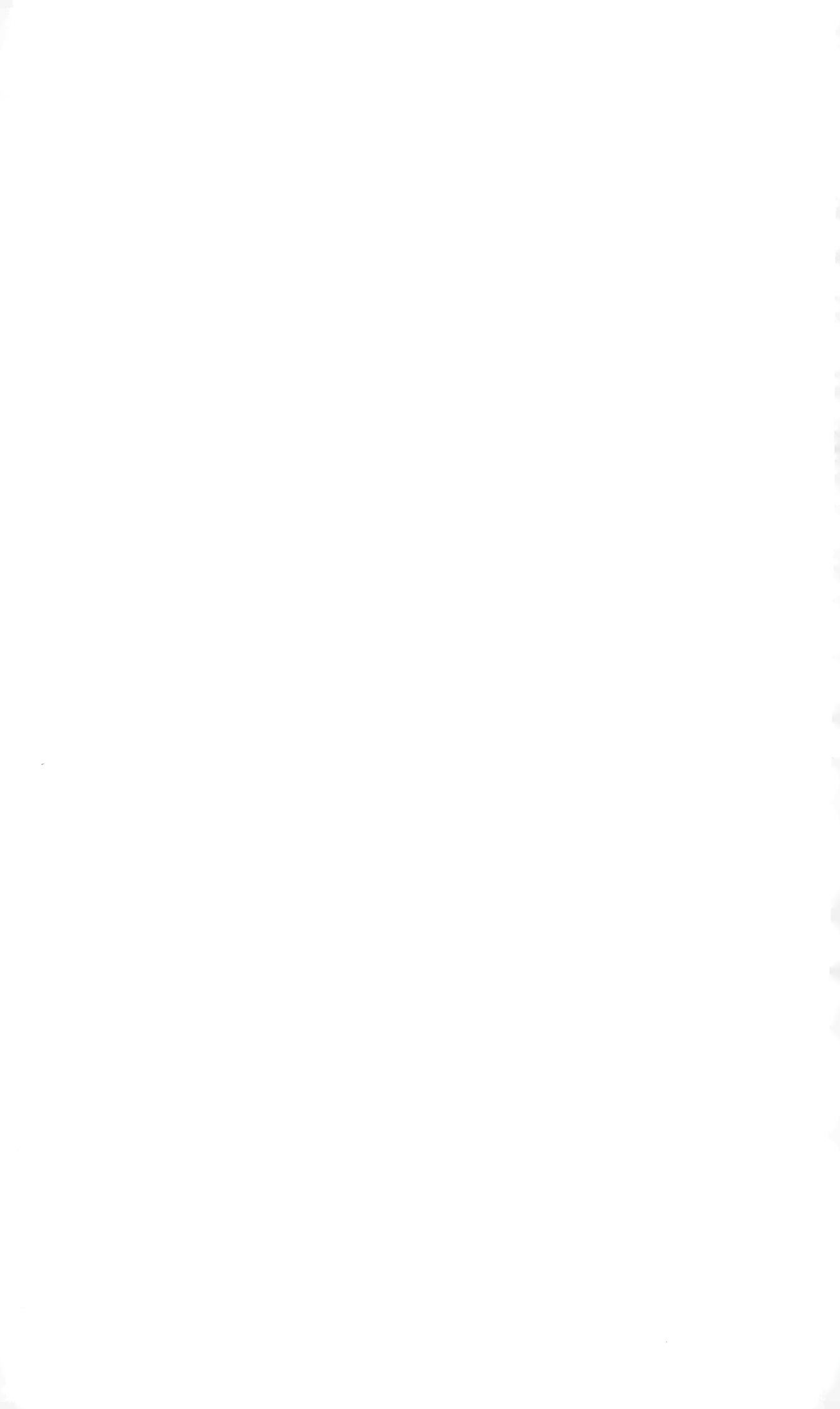

Verlassenes Boot treibt Richtung Mond

Deserted Boat Drifting Towards the Moon

Für «Verlassenes Boot treibt Richtung Mond» haben sich
der Schriftsteller und Künstler Jürg Halter und der Künst-
ler Uwe Wittwer vom Spielfilmklassiker «Ugetsu – Erzählun-
gen unter dem Regenmond» aus dem Jahre 1953 inspirie-
ren lassen. Der Film spielt im Japan des 16. Jahrhunderts.
In einem Dorf lässt ein Töpfer seine Familie zurück, um
mit dem Verkauf von Töpferwaren mitten in Kriegswirren
Geld zu verdienen, und wird schliesslich von einem Geist
verführt. Der Freund des Töpfers verlässt seine Frau, um
Samurai zu werden. Das tödliche Schicksal der beiden
Freunde und ihrer Familien nimmt seinen Lauf.

Halter schrieb Gedichte und Wittwer schuf Bilder,
die sich auf den Film beziehen und miteinander in einen
vielschichtigen Dialog treten. Halter ist mit Japan vertraut,
hat mit dem japanischen Lyriker Shuntarō Tanikawa zwei
viel beachtete, poetische Bücher verfasst, in denen die
Suche nach dem Eigenen im Fremden eine wichtige Rolle
spielt. Wittwer gab sein Interesse an japanischer Keramik-
kunst und an der malerischen Bildsprache im bewegten Bild
den Anstoss zu einer vertieften künstlerischen Auseinan-
dersetzung.

Mit «Verlassenes Boot treibt Richtung Mond» ist nun
eine neue, fein choreografierte Geschichte entstanden.
Dabei handelt es sich um keine geschlossene Erzählung,
sondern um ein subtiles Spiel mit lyrischen Andeutungen,
Fragmenten, Kommentaren und Weitererzählungen. Und
die poetisch-ästhetische Reise unterm oder zum Erdtraban-
ten geht so, zurück- und vorwärtsschauend, auch im 21. Jahr-
hundert weiter.

Mirjam Fischer, Herausgeberin

"Deserted Boat Drifting Towards the Moon," by the writer and artist Jürg Halter and the artist Uwe Wittwer, was inspired by the classic 1953 movie "Ugetsu—The Tales of the Wave after the Rain Moon." The film is set in 16th-century Japan. A potter leaves his family behind in a village and heads off into the chaos of war to earn money by selling his pottery, only to end up being entrapped by a spirit. The potter's friend also leaves his wife in order to become a samurai. The fate of the two friends and their families runs its deadly course.

Halter wrote poems and Wittwer produced images that refer to the film and enter into their own multi-layered dialogue. Halter is well-acquainted with Japan, having created two highly-regarded volumes of poetry with the Japanese poet Shuntarō Tanikawa, in which an important role is played by the search for the personal in the alien. Wittwer's intense artistic investigation was stimulated by his interest in Japanese ceramic art and the picturesque visual vocabulary of the moving image.

"Deserted Boat Drifting Towards the Moon" is a new, finely choreographed story. Far from being a self-contained narrative it is a subtle game involving lyrical allusions, fragments, comments, and retold tales. And thus the poetic-aesthetic journey under and towards the Earth's biggest satellite continues, looking backwards and looking forwards, on into the 21st century.

Mirjam Fischer, Editor

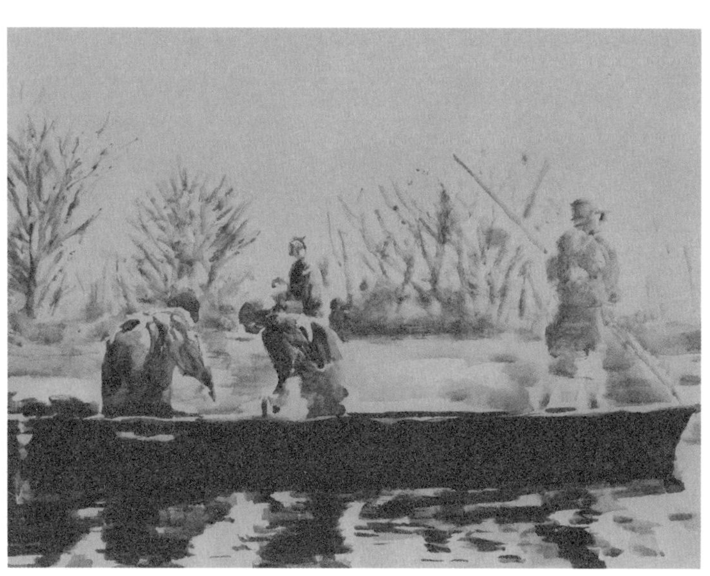

10
11

Nebel überm Wasser,
        ein verlassenes Boot
treibt Richtung Mond

Mist on the water,
        deserted boat
drifting towards the moon

Die Gastgeberin steht im Dunkeln,
        aus dem Nebenraum ist eine Stimme zu hören,
vor dem Haus rauschen Kiefern im Wind

12
13

The lady of the house stands in the dark,
            a voice is heard in the room next door,
outside the rustling of pines in the wind

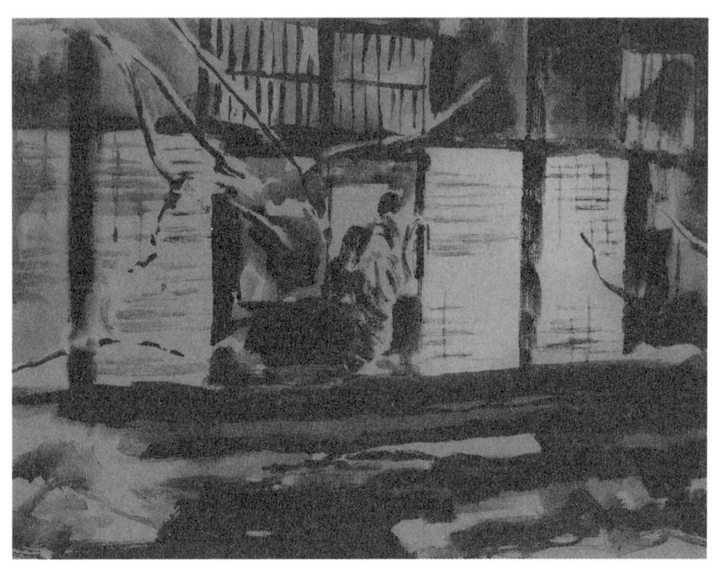

Adrift on the surface of a lake
two leaves cross paths:
did they fall from the same branch?

Zwei auf der Oberfläche eines Sees
        treibende Blätter kreuzen sich:
fielen sie vom selben Ast?

14
15

Mit kleinen Schritten gleitet sie durchs Haus,
    wüsste man's nicht besser (tut man nicht),
man hielte sie für einen Geist

Taking small steps she glides about the house,
    did we not know better (and we don't),
we would think she was a ghost

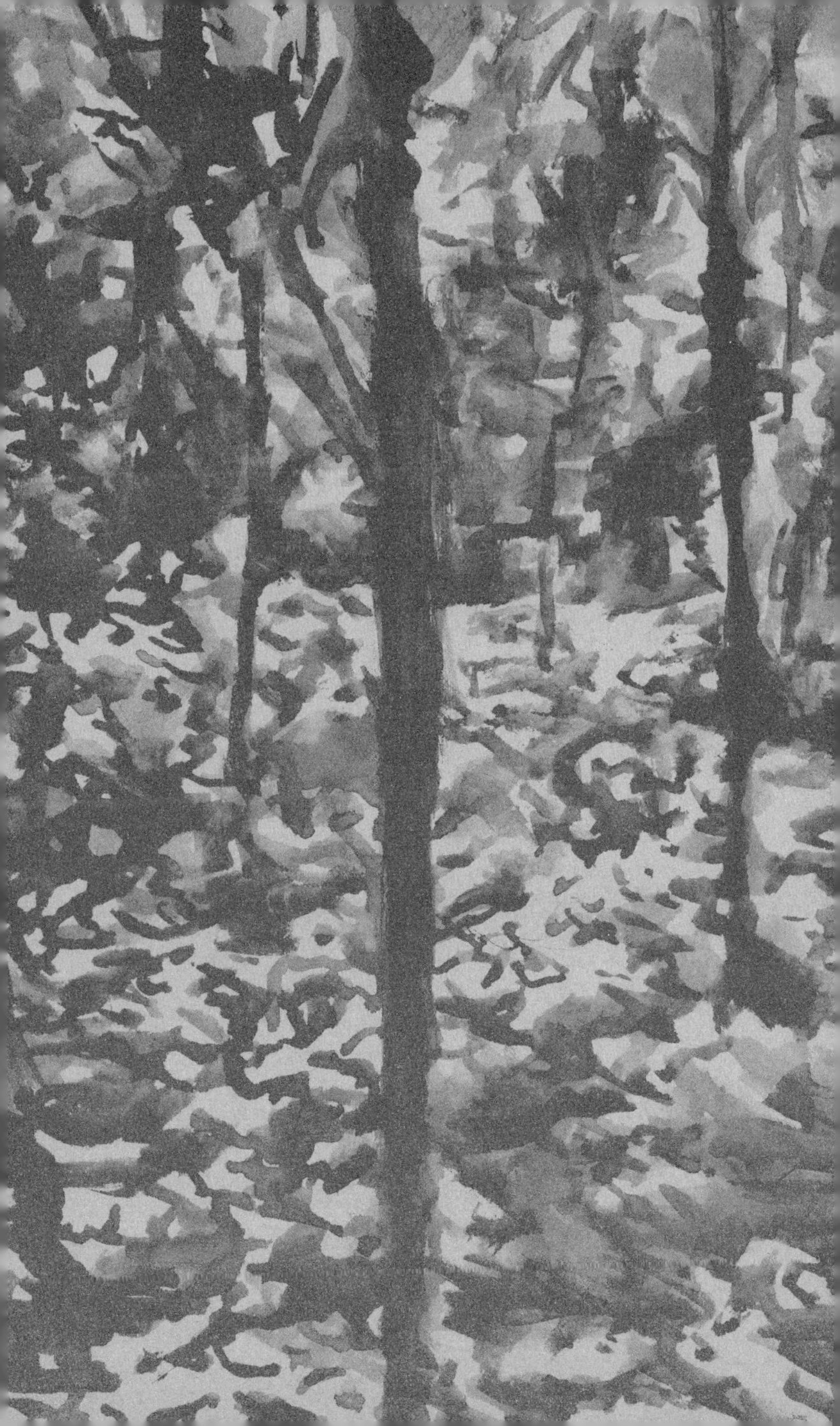

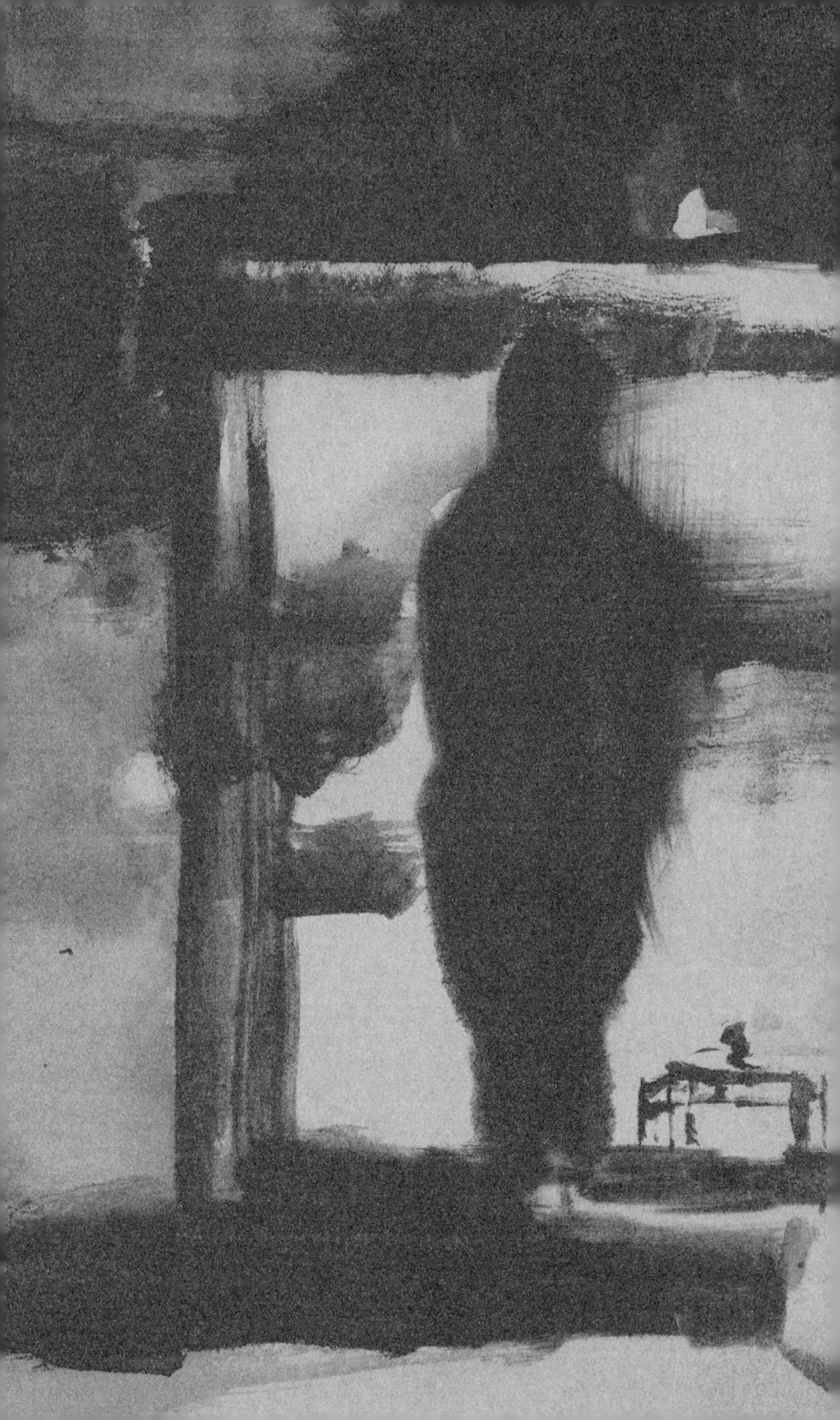

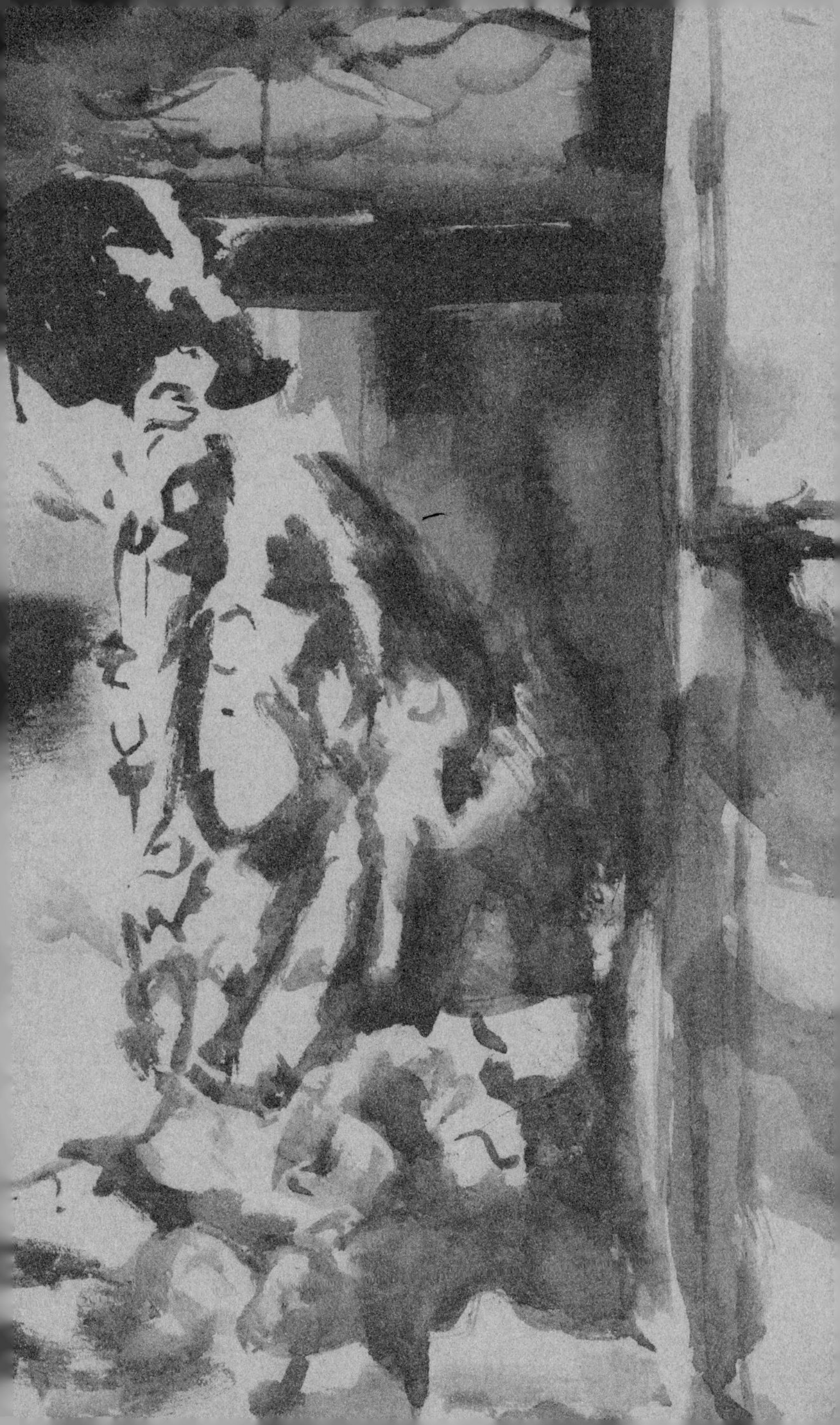

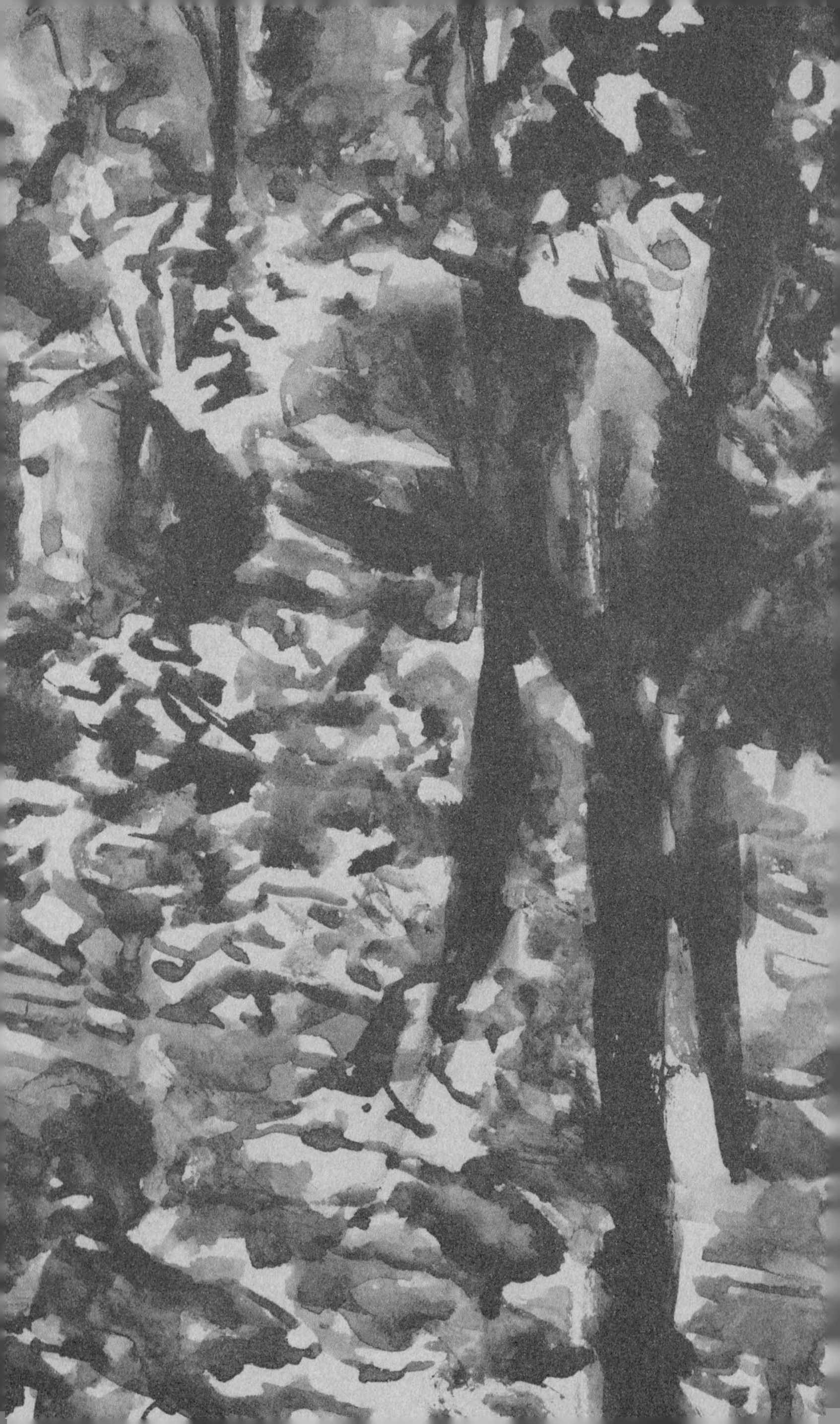

Karpfen schwimmen
    zwischen Kiefern,
träumen – wachen

20
21

Carp are swimming
    among conifers
dreaming—waking

Unter einer Decke schläft
        ein kleines Kind; man sieht nichts
als seine nackten Füsschen

A toddler asleep
        under a blanket, visible
only its little bare feet

Auf einem Tablett im Rasen
eine Sake-Schale,
über ihr, nüchtern, ein Zweig

On a tray in the grass
a sake bowl,
above it a sober twig

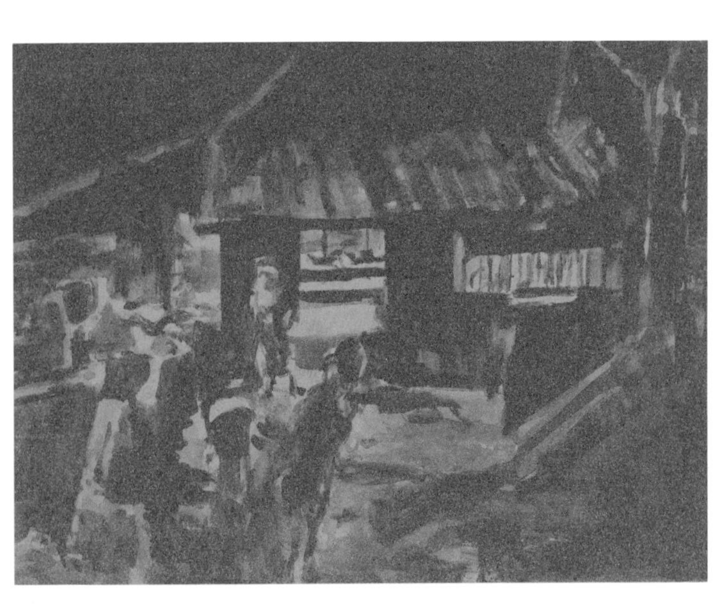

Vor einem Spiegel kämt sich eine Frau
ihre langen, schwarzen Haare;
Meditation über Bewegung und Stillstand

A woman at a mirror combs
her long black hair;
meditation on motion and standstill

Geister verwirklichen
       sich in uns –
sei wachsam

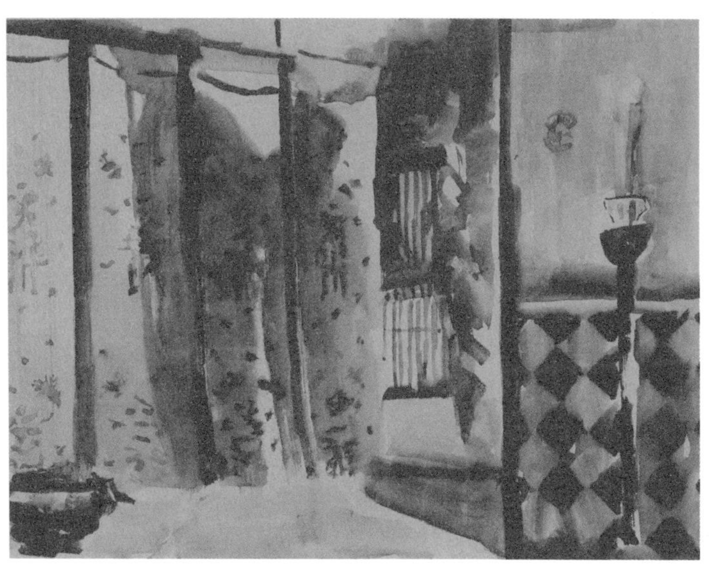

Spirits materialize
within us—
beware

28
29

Wir lauschen einander im Regen,
doch finden nicht zueinander.
Es ist die Nacht, die uns verführt

Zwei Essstäbchen heben
ein Reiskorn
zum dunklen Himmel

Two chopsticks lift
      a grain of rice
to the dark skies

Auf einer Töpferscheibe,
	durch Geisterhand,
formt sich ein Kriegsgott

On a potter's wheel
	through ghostly hand,
a war god takes shape

Den eigenen Besitz
        nicht preiszugeben,
das nennen wir Freiheit

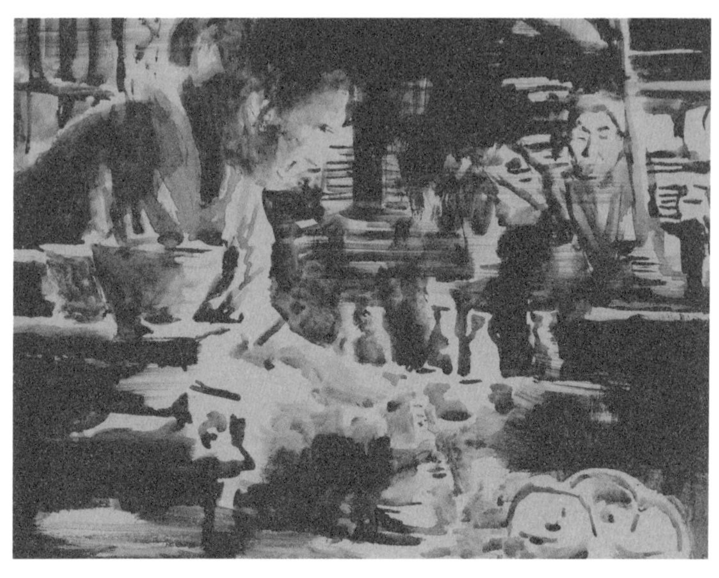

The paintbrush leaves a jug
on the paper—
what do you thirst for?

Aufs Papier malt der Pinsel
einen Krug –
wonach dürstet dich?

Eine Teeschale in ihren Händen
    ist alles, woran sie sich
an diesem Novembermorgen hält

Her only support
    this November morning
is the tea cup in her hands

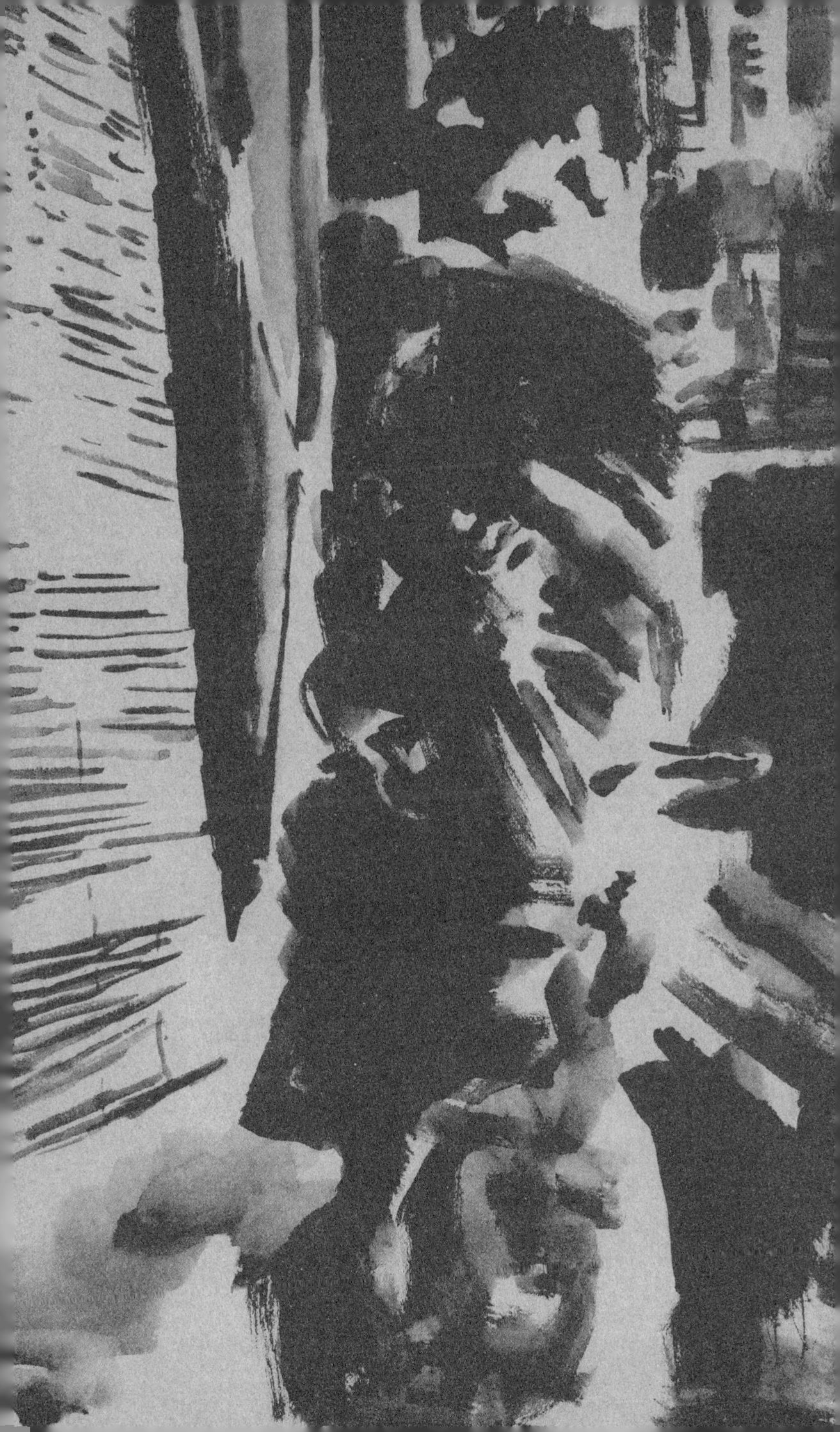

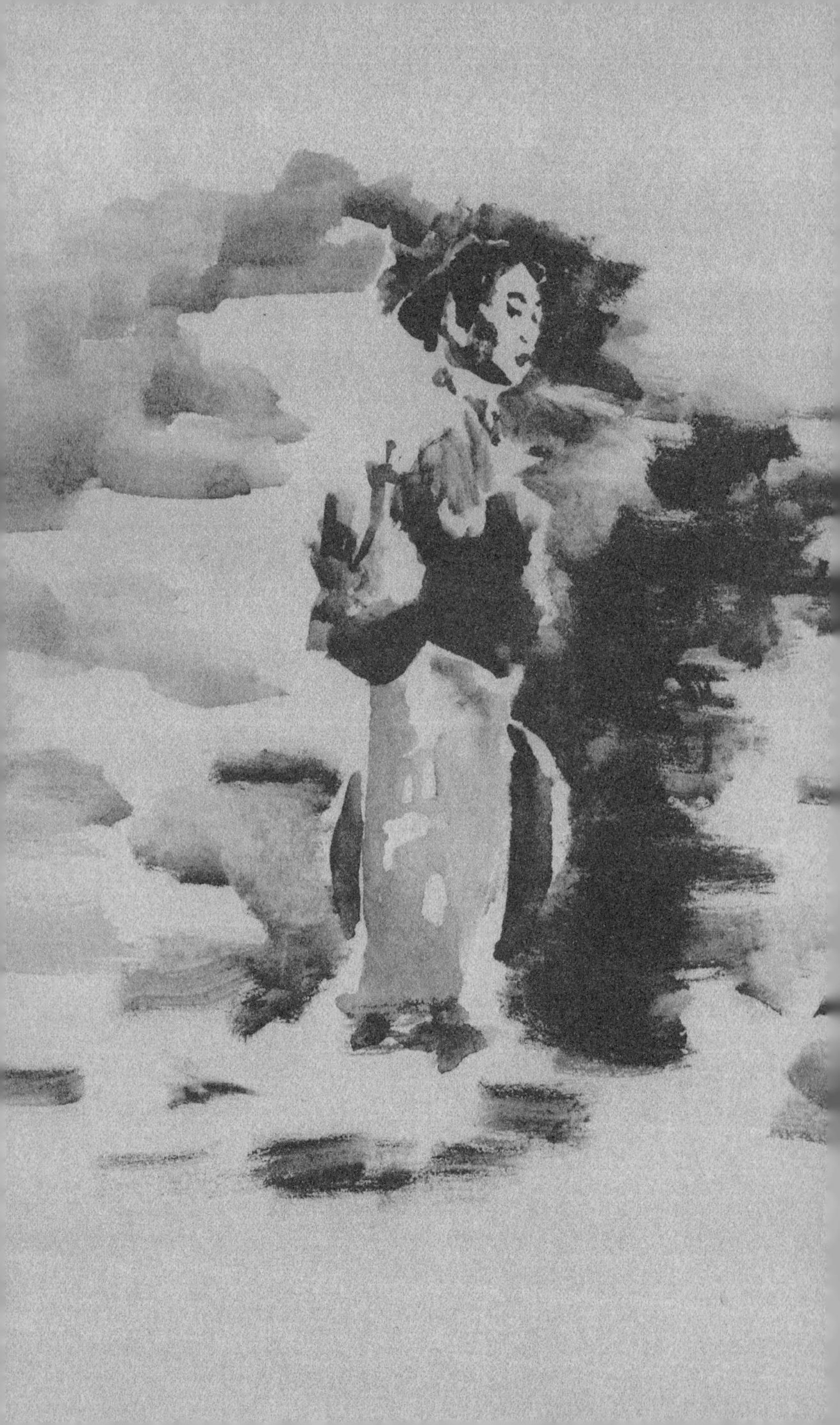

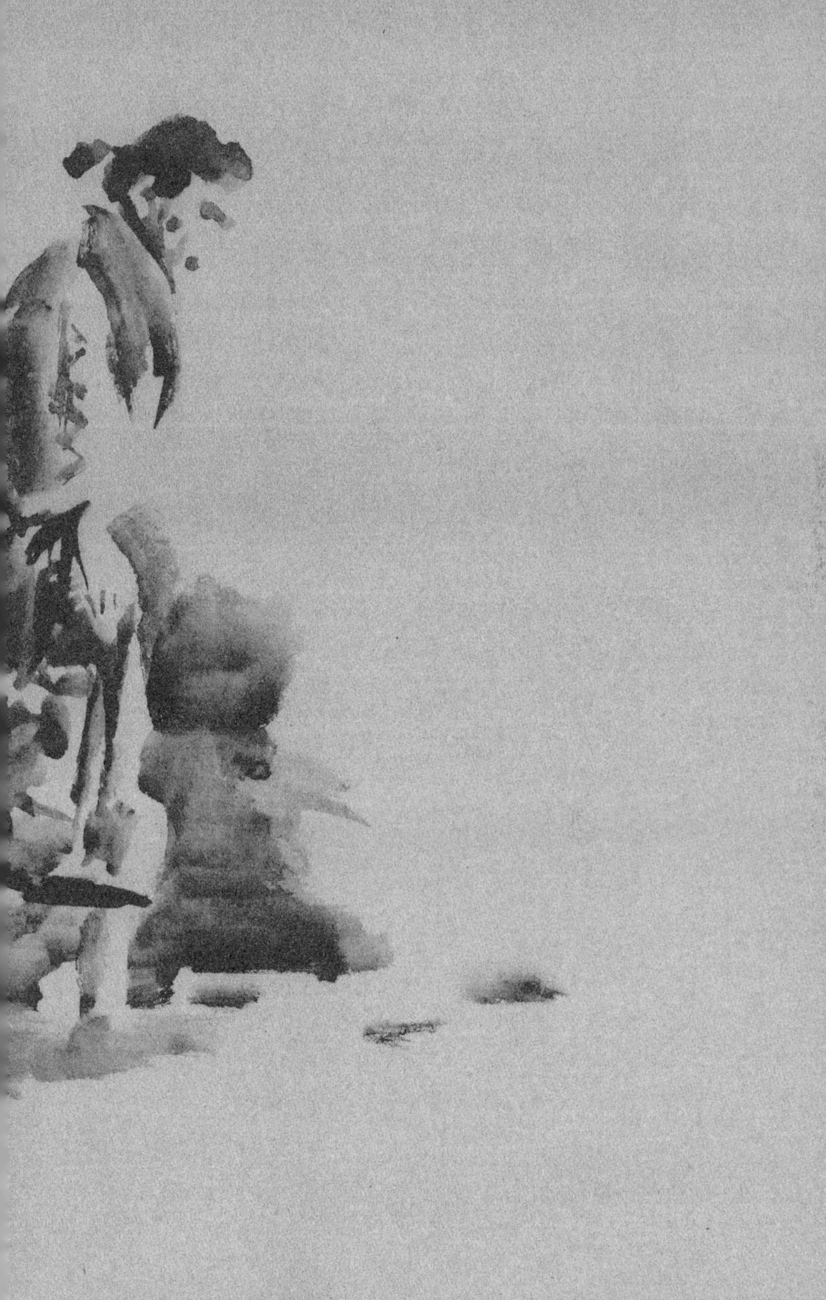

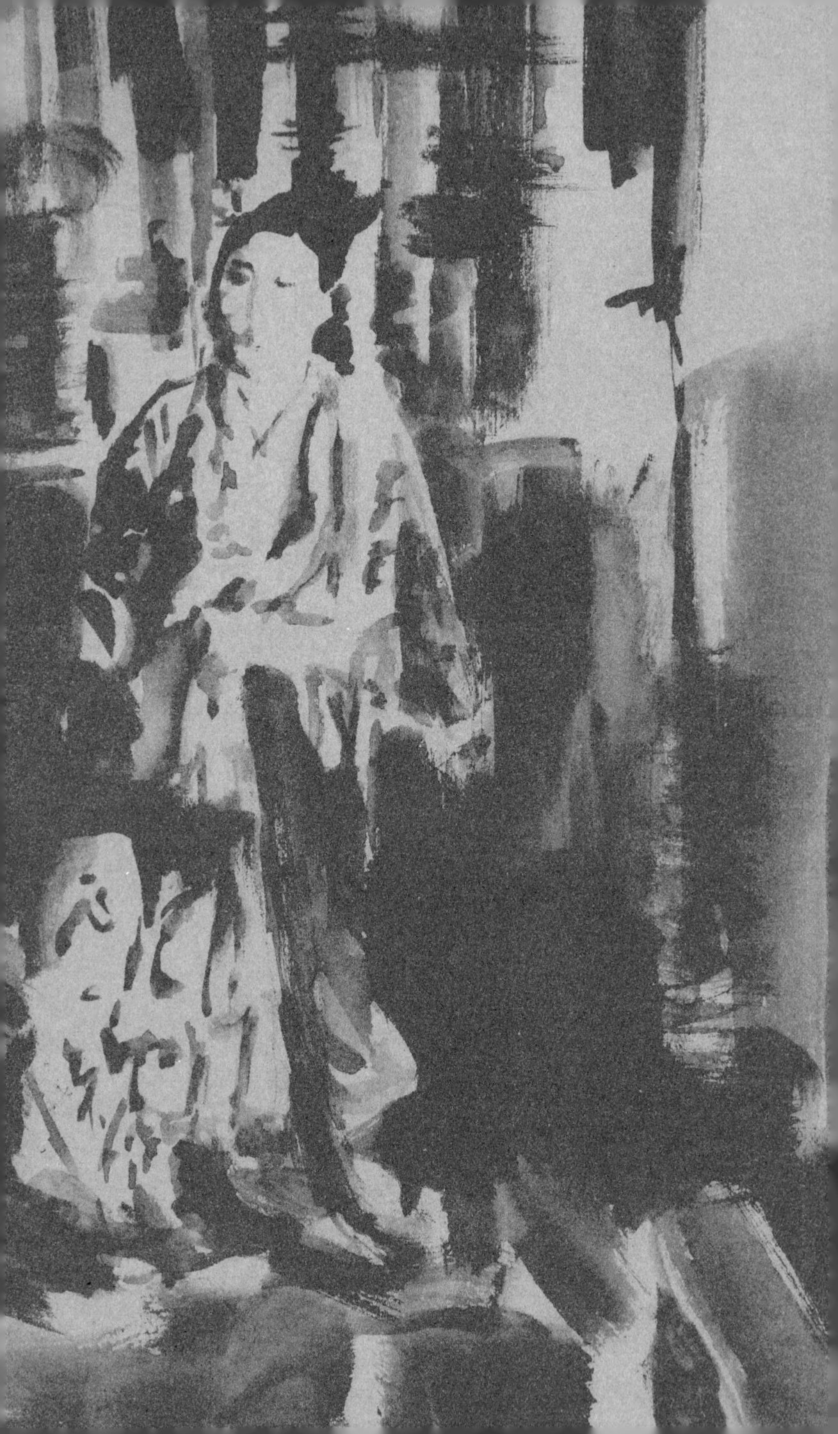

Der Kimono kleidet sie zur Person,
die sie zu sein scheint –
schimmerndes Licht

40
41

The kimono dresses her into
the person she seems to be—
scintillating light

Der Tod in ihrem Gesicht,
        gezeichnet von der Liebe,
die man ihr verboten hat

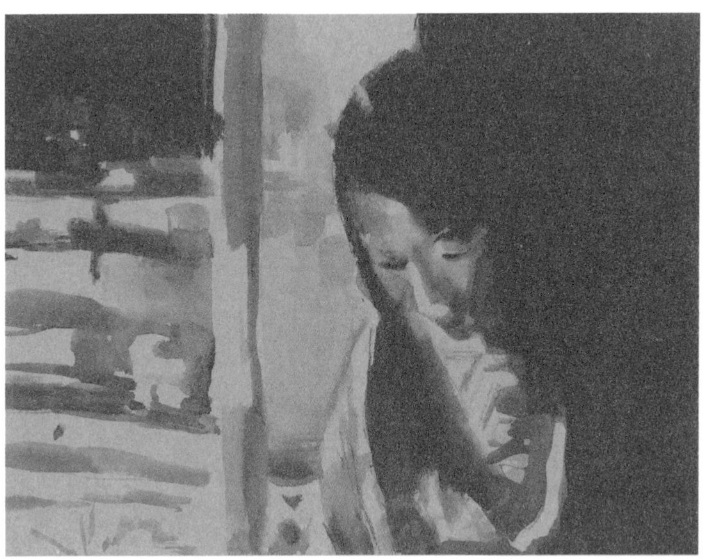

Death in her face,
        marked by the love
from which she was barred

Menschheit: verschwindend
kleiner Tuschklecks
auf schwarzem Blatt Papier

Die Träume der Toten,
       wer lebt sie?
Im Sturm biegen sich Lärchen

44
45

The dreams of the dead,
       who lives them?
The larch trees bend in the storm

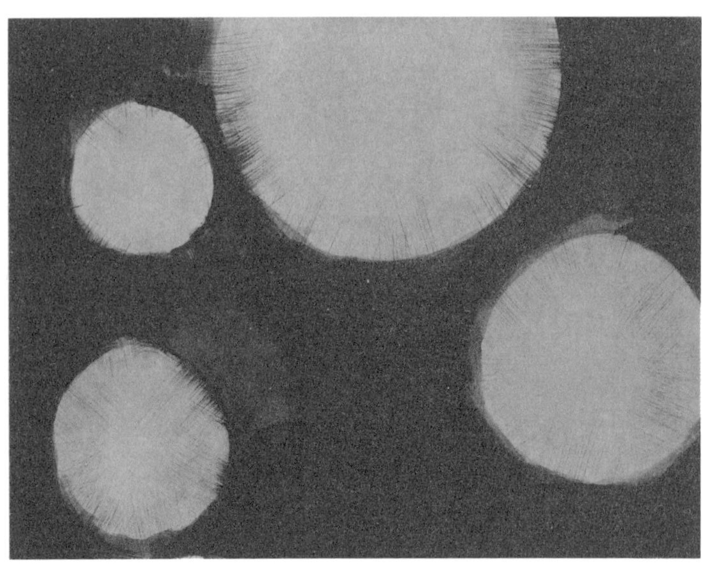

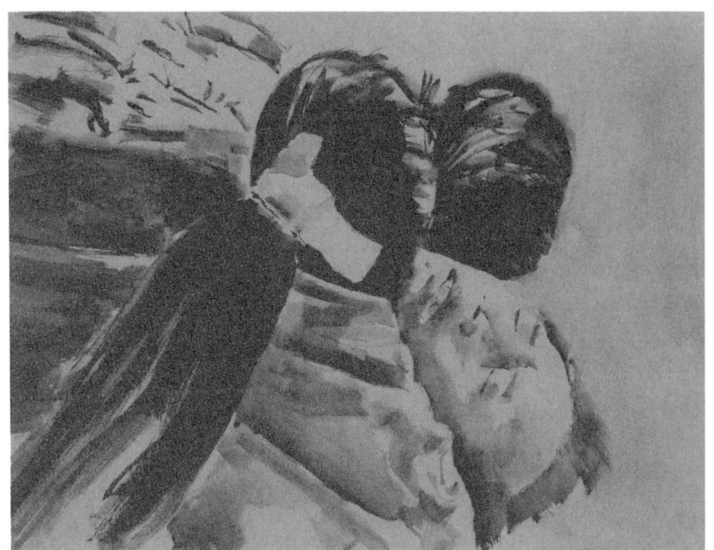

46
47

Alles Gute und Böse der Welt
vereint in einer Schale,
ihre Bruchstellen mit Goldlack repariert

48
49

All the good and evil in the world
united in a bowl,
its cracks repaired with gold lacquer

Ich taumele – der erste Winter ohne dich,
        Liebste, ich sehe dich von der Brücke aus,
als lägst du noch dort unten im Schnee

I am reeling—the first winter without you,
        Dearest, I see you from the bridge,
as if you were still lying down there in the snow

Eine Rückkehr
        in die Vergangenheit
kann es niemals geben – wer weiss

Never
        can there be
a return to the past—who knows

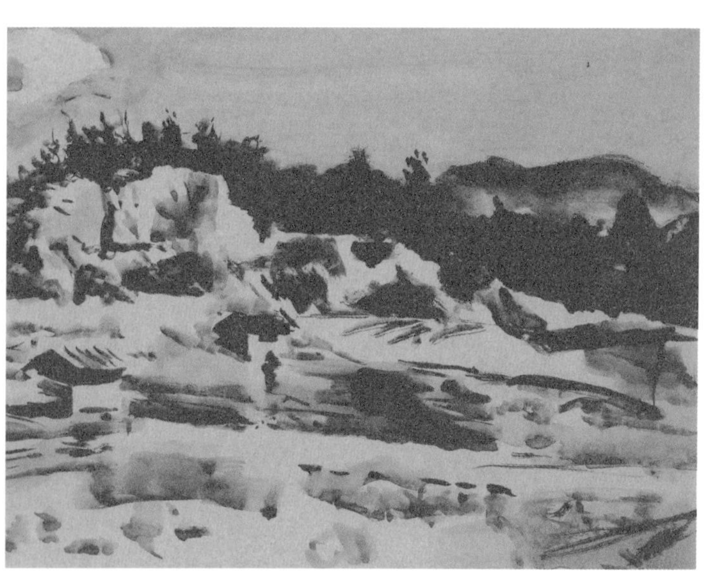

In einer Tonschale
        liegt eine frische Pflaume,
die den Maler in Staunen versetzt

52
53

In a pottered bowl of clay
        lies a fresh plum
that makes the painter marvel

54
55

O Sake-Flasche,
        hoch über meinem Kopf kreisend,
ich erhebe mich zu dir

Oh sake bottle
        circling high overhead,
I ascend to you

Bewegt vom Mondbetrachten
schläft er ein –
geweckt von Sonnenstrahlen

Touched by moon-watching
he falls asleep—
awakened by sunbeams

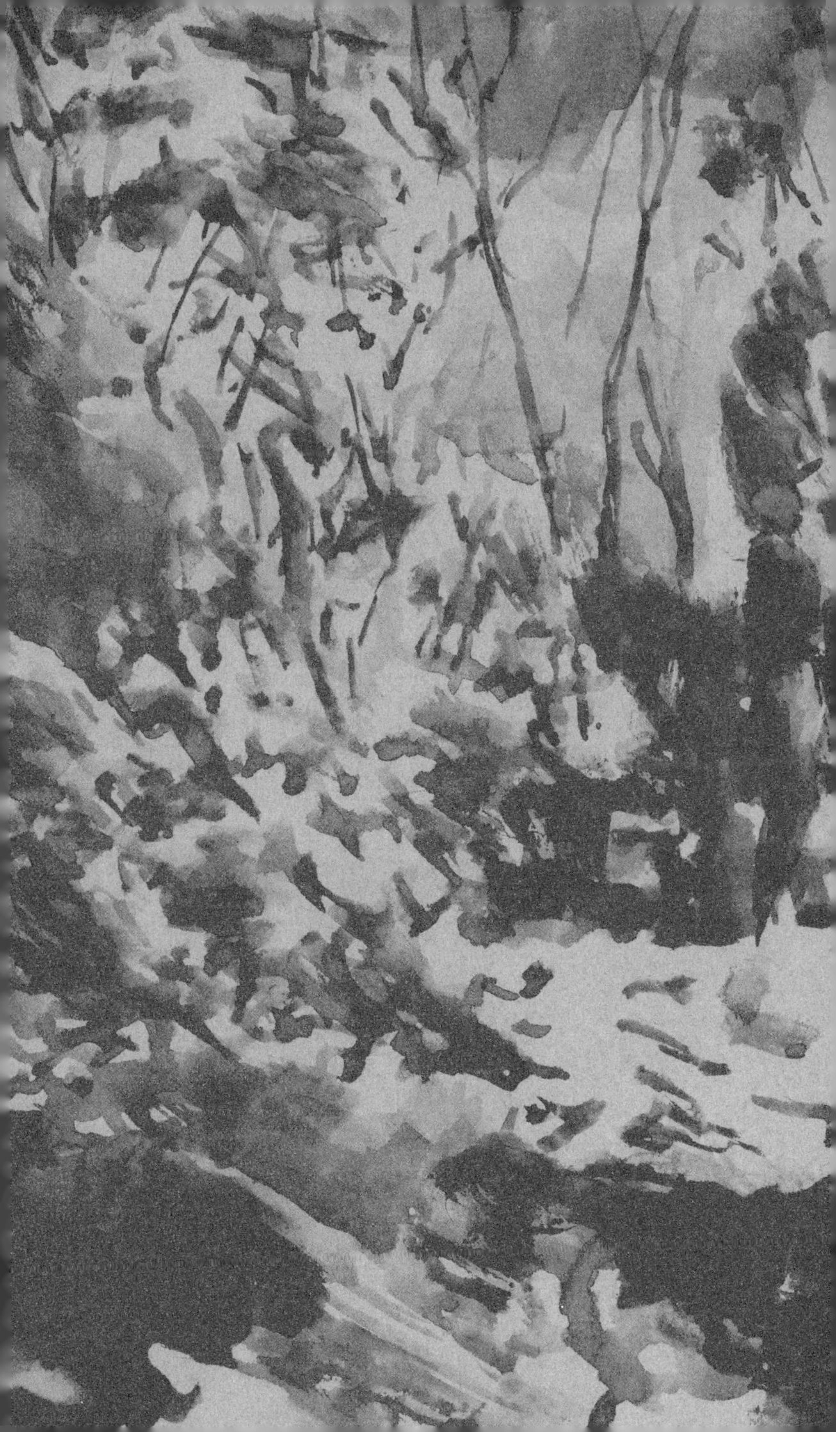

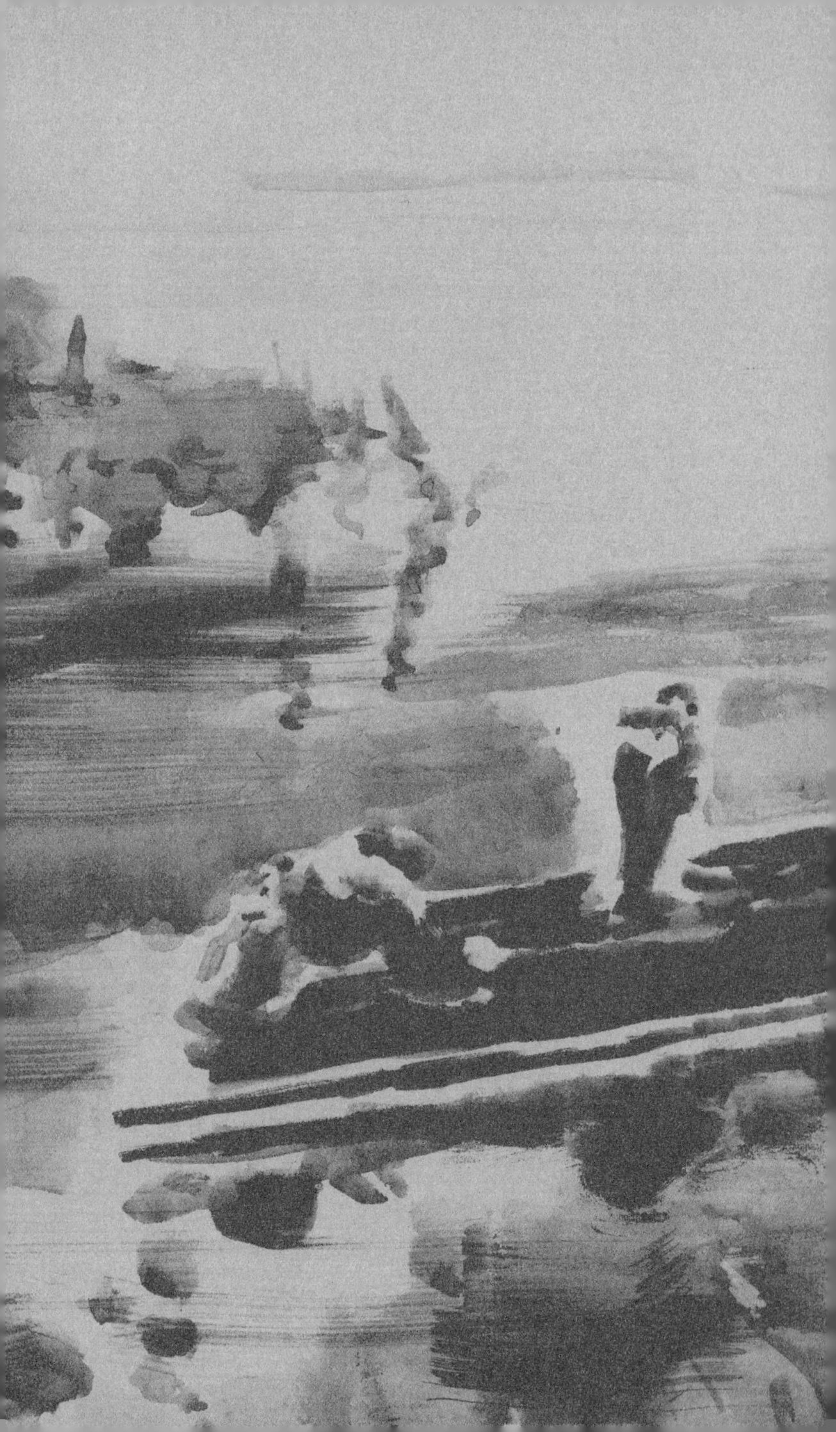

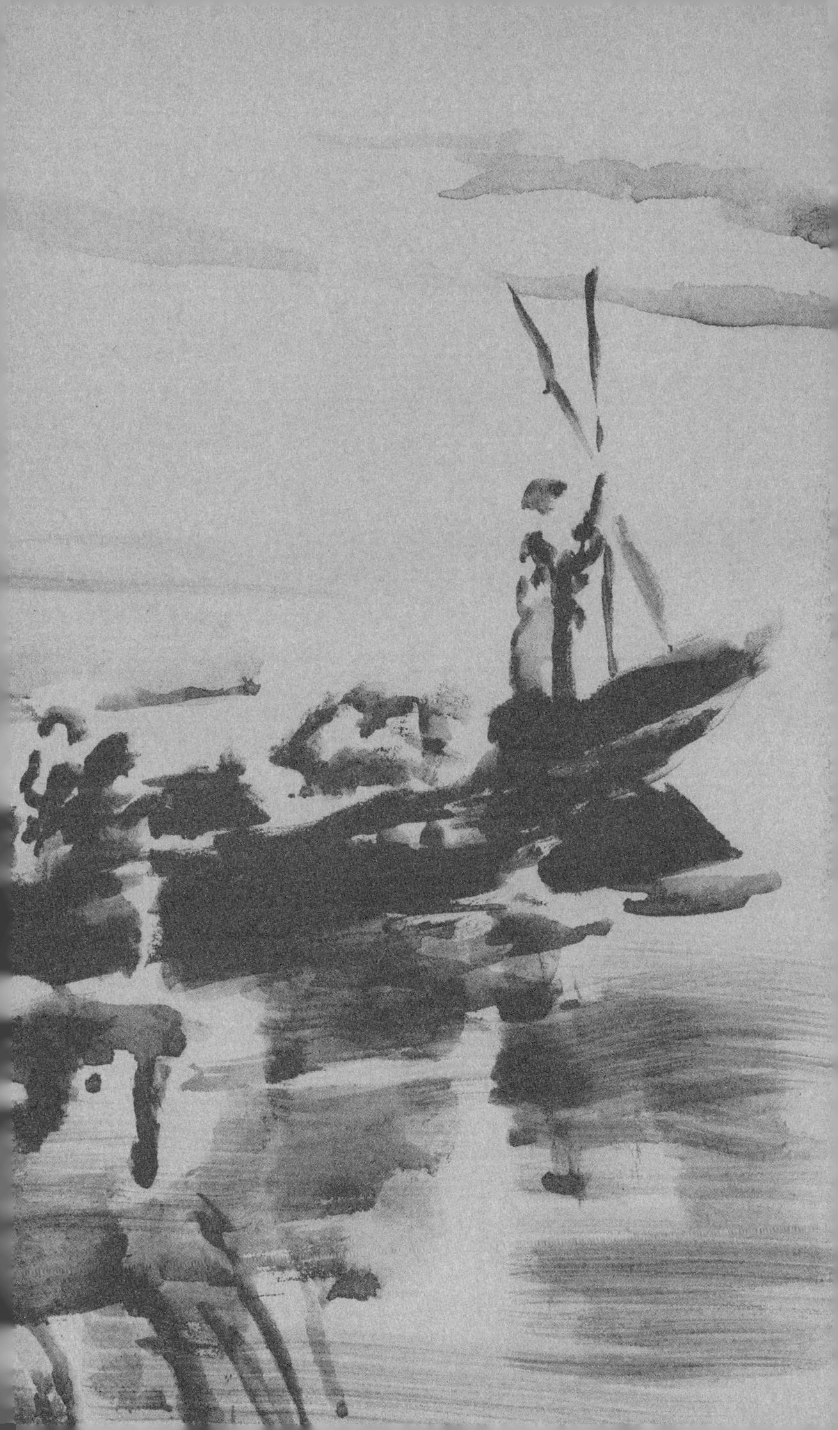

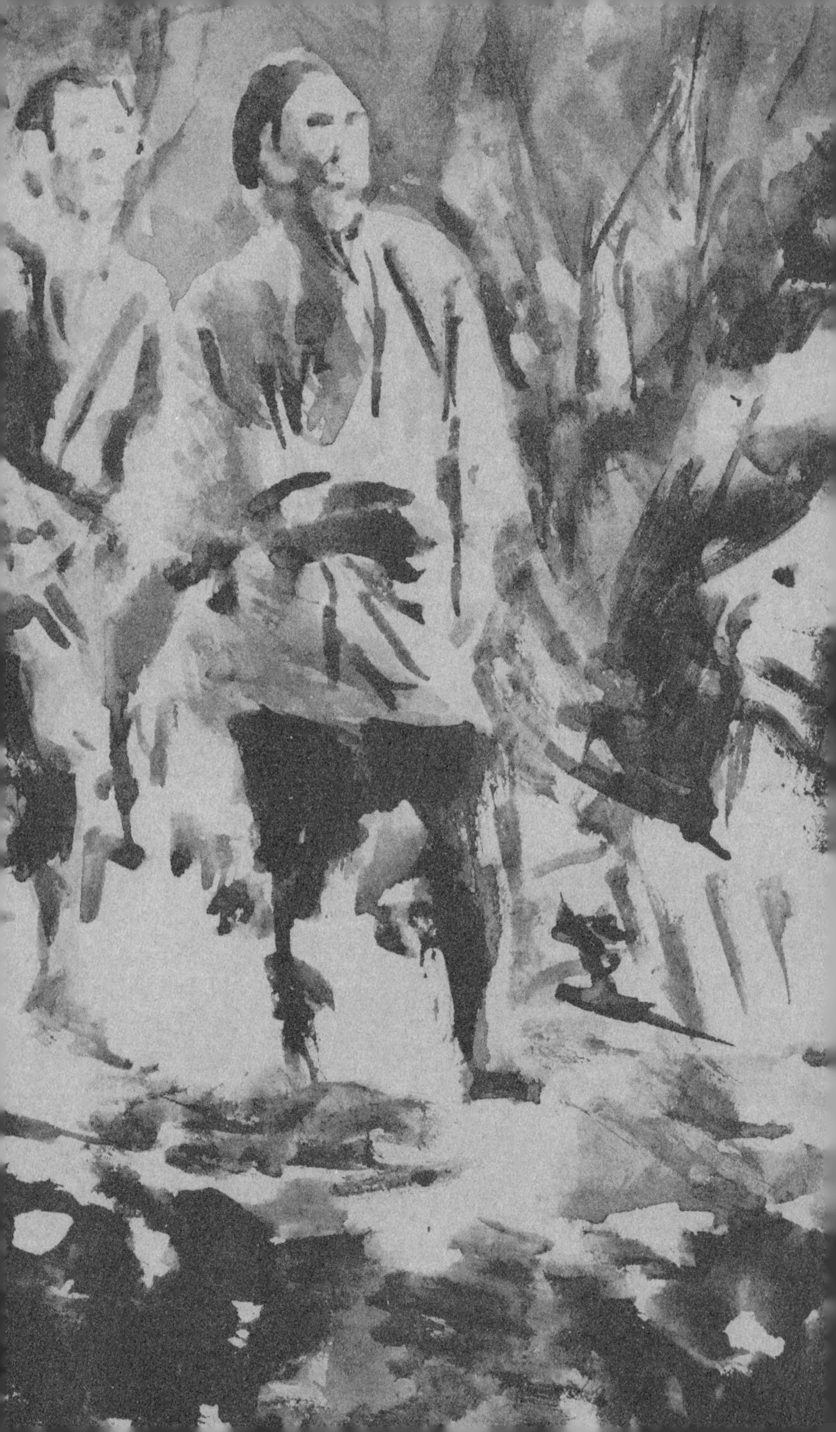

Über den Bergen kreisen Vögel,
wohin bewegen sich die Berge?
Erzählen die Vögel davon?

60
61

Birds circling above the mountains,
where are the mountains going?
Will the birds spread the news?

Ein Verdurstender bittet
        den Himmel um Wasser,
driftend im Pazifischen Ozean

Dying of thirst,
        he asks the sky for water,
adrift in the Pacific Ocean

Jahre auf der Flucht: wer's nicht erlebt hat,
    kann es vielleicht etwas nachvollziehen,
doch weder spüren, riechen noch verdrängen

Years spent fleeing: if you didn't,
    you might possibly sympathize,
but neither feel nor smell nor suppress

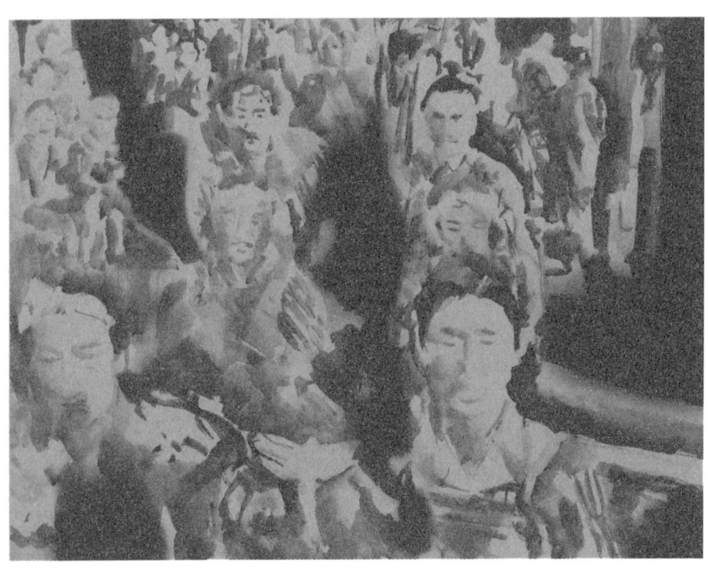

Dein Gewissen wird durch
einfach verdientes Geld
hypnotisiert – sei glücklich!

64
65

Easily earned money
hypnotizes your
conscience—be happy!

Der Samurai deiner Träume,
    hunderte Jahre später
verwirklicht er sich – wo bleibst du?

The samurai of your dreams,
        hundreds of years later
he comes true—where are you?

Eine Frau wartete Jahre auf ihren Mann,
lange nachdem sie gestorben ist,
kehrt er zu ihr zurück

A woman spent years waiting for her man,
long after she passed away,
he comes back to her

Zu Töncn eines verborgenen Instruments
lässt sie den Fächer tanzen,
singt mit tiefer werdender Stimme – Dämon

68
69

The fan dances in her fingers
to the sound of an unseen instrument,
she sings with voice ever deeper—demon

An diesem erloschenen Feuer
        sassen gestern, noch lebend, Soldaten,
stiessen laut auf ihren Sieg an

At this fire, now cold,
        soldiers sat yesterday, still alive,
toasting loudly to their victory

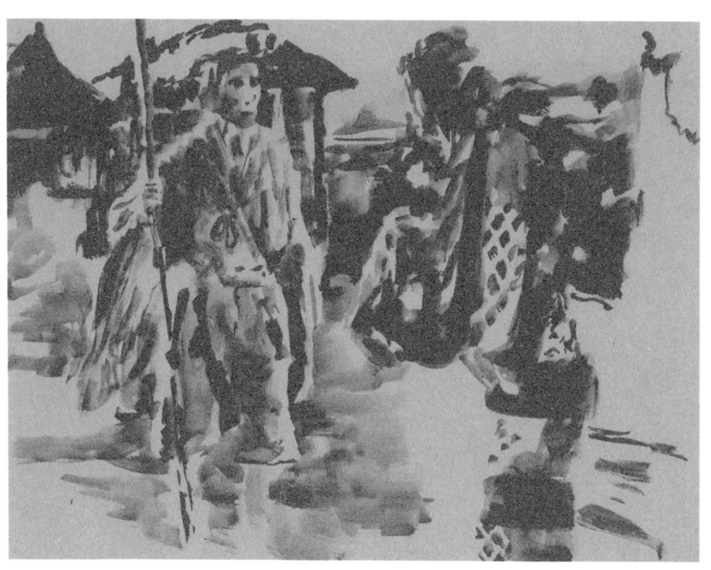

All die Welten
    in dieser Welt, in jener Welt,
ach! Mein Schädel platzt!

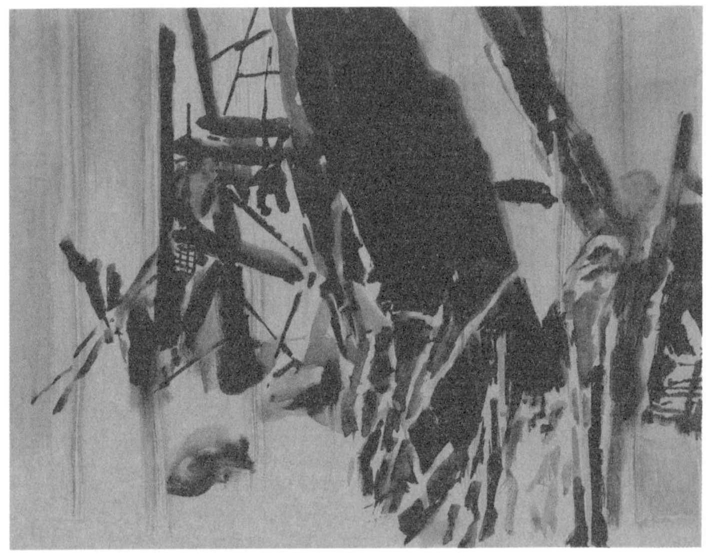

72
73

All the worlds
        in this world, in that world,
oh! My head is bursting!

Ein Brustpanzer,
        durch den der Wind bläst,
daneben ein Kranich, teilnahmslos

74
75

A breastplate
        through which the wind blows,
a crane alongside, apathetic

Dämonen von gestern und morgen
        sprechen ein und dieselbe Sprache:
die sich verändernde

Demons of past and present
        speak one and the same language:
the one that changes

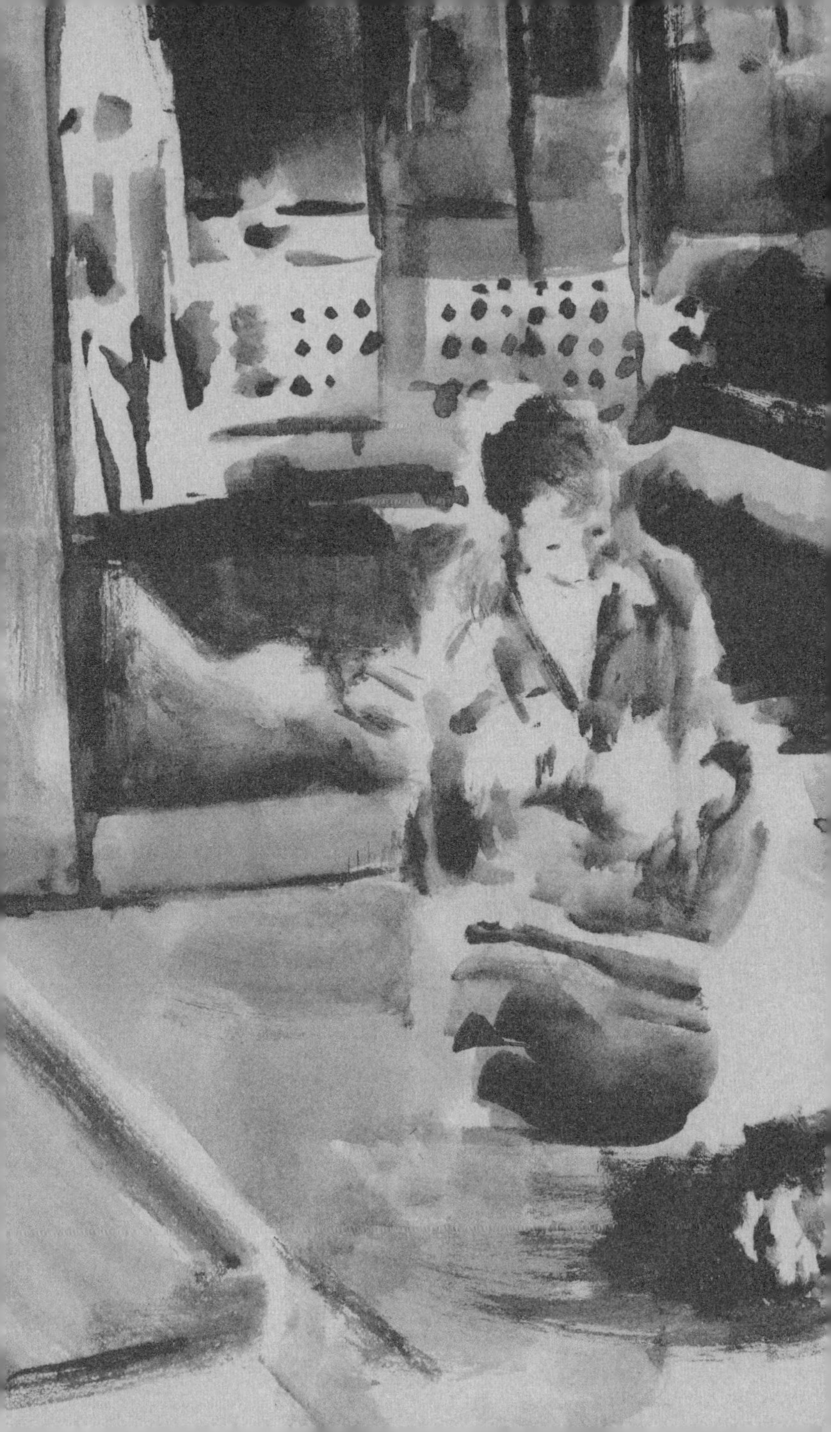

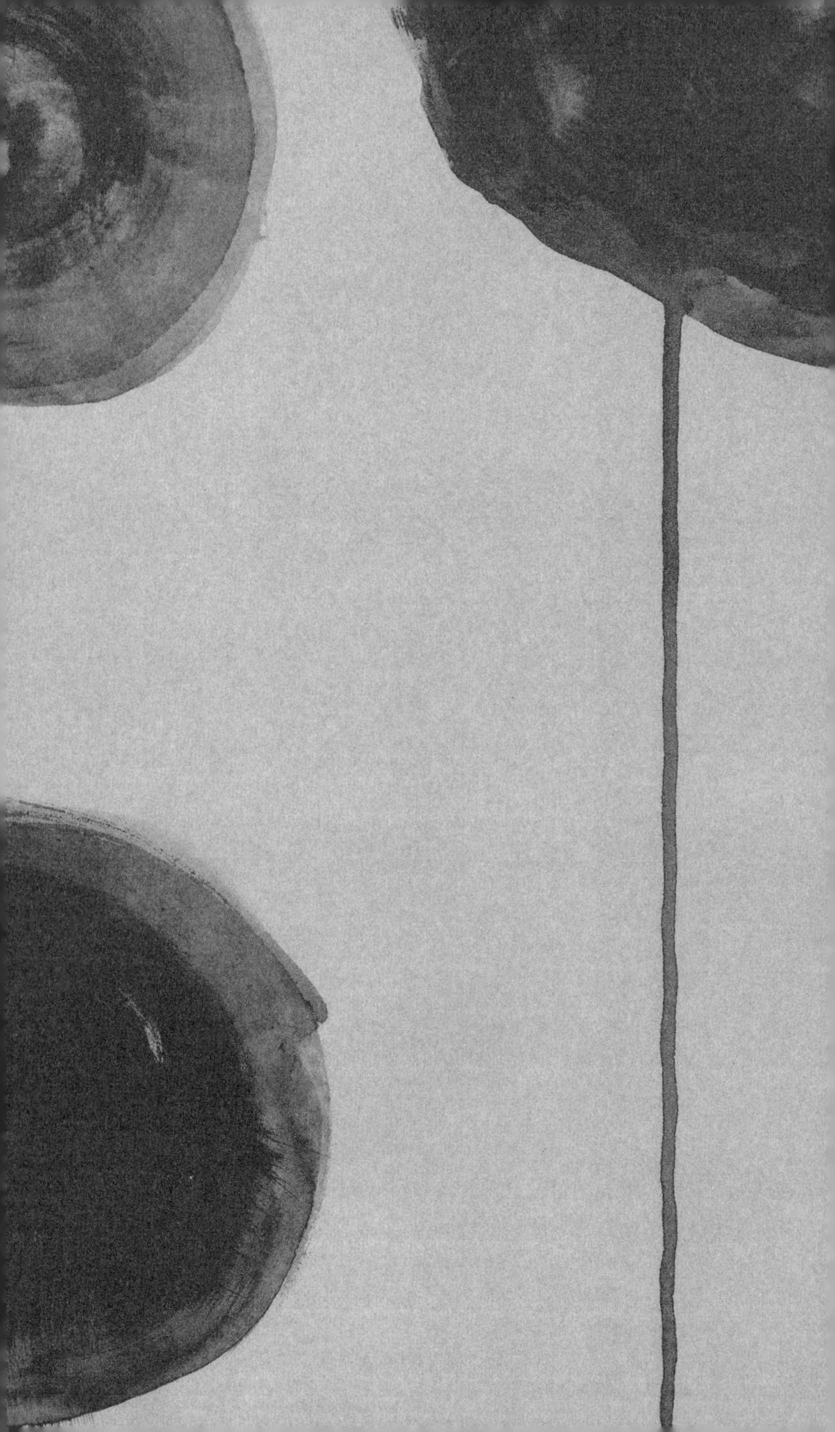

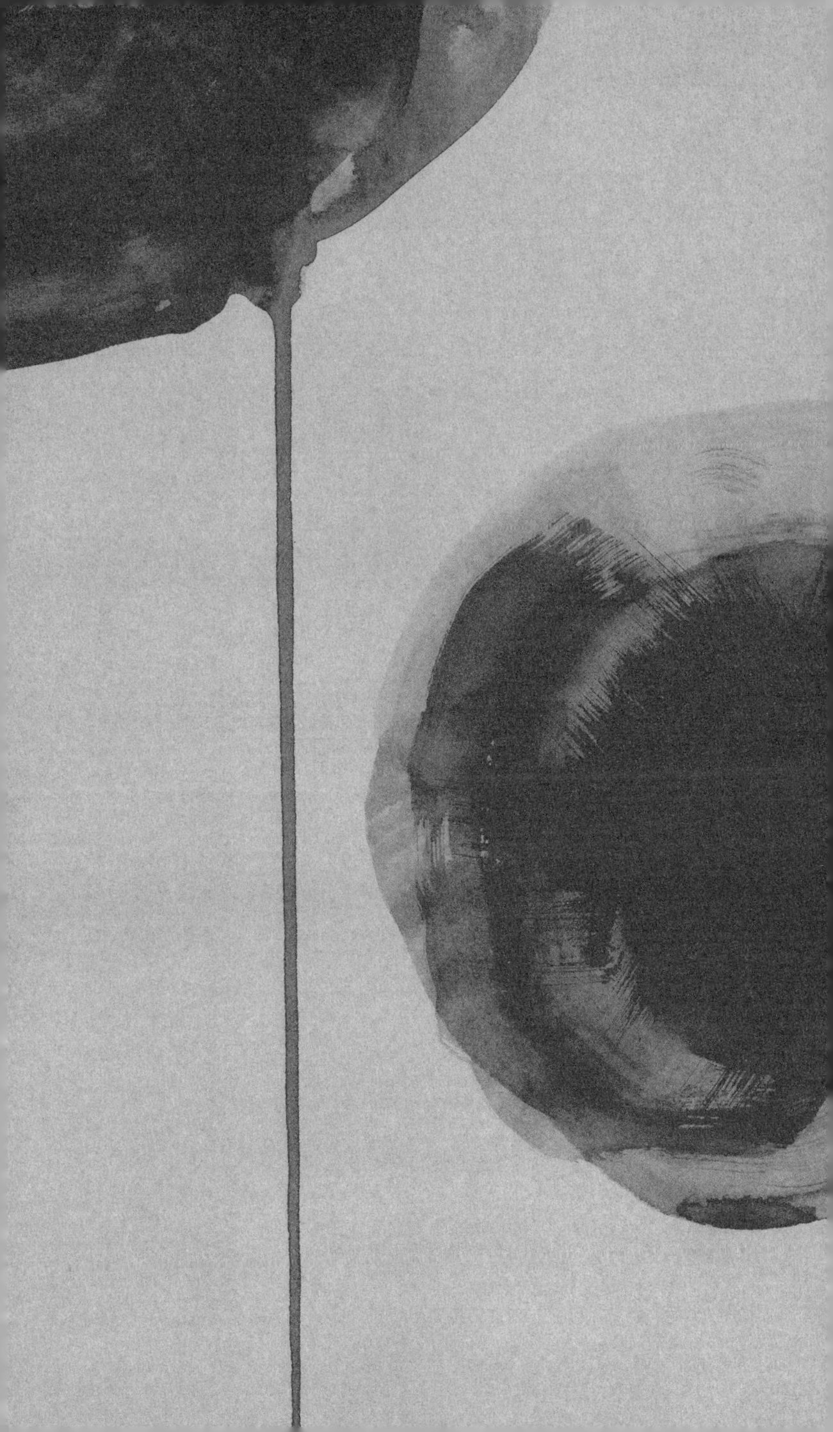

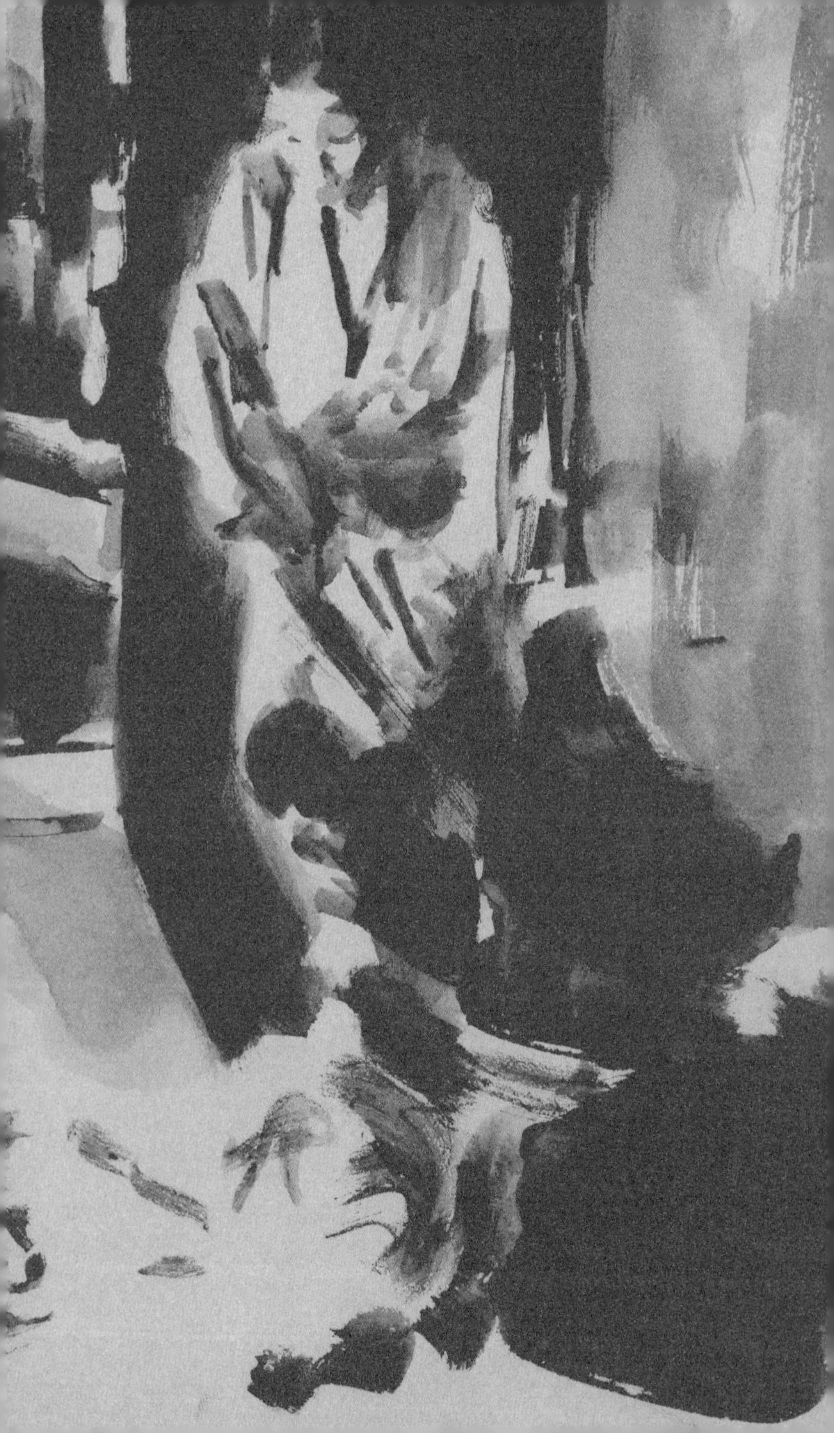

Ein Haus nie mehr zu verlassen,
    wie fühlt sich das an?
Schau aus dem Fenster

80
81

Never to leave the house again,
    how does that feel?
Look out the window

Nach Frühling duftender Reis in einer Schale,
unter einer alten Kiefer,
weit und breit kein Mensch – definiere Zeit

Rice with the fragrance of spring in a bowl,
under an ancient pine tree,
not a soul far and wide—define time

Als wär's ein Kimono, so schön
    treibt eine Zeitung morgens
über die Strasse, dir entgegen

So beautiful, a newspaper drifting
    your way across the street
one morning as if it were a kimono

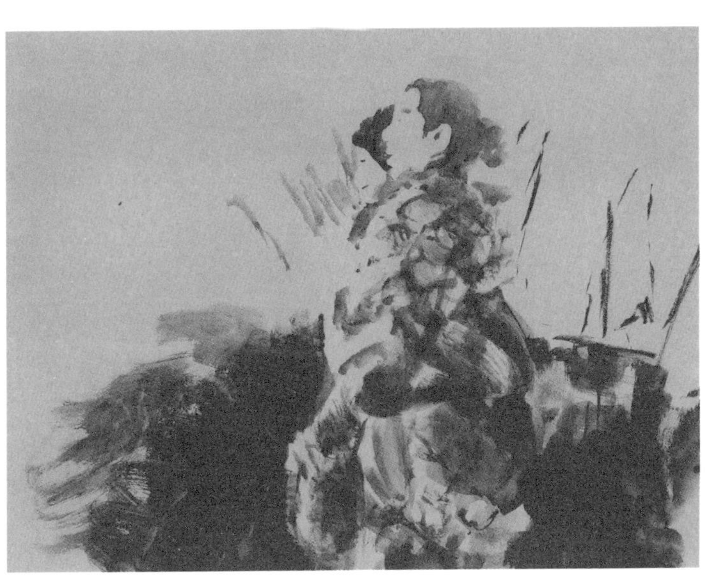

Der plötzliche Regen,
      ein Segen – auf einmal
fällt es mir leicht zu vergeben

The sudden rain,
      a blessing—all at once
I find it easy to forgive

Eine Frau im Schneidersitz auf ihrem Bett,
weit geöffnet das Fenster,
es ist Winter und sie trinkt Matcha

A woman cross-legged on her bed,
the window wide open,
it's winter and she's drinking matcha

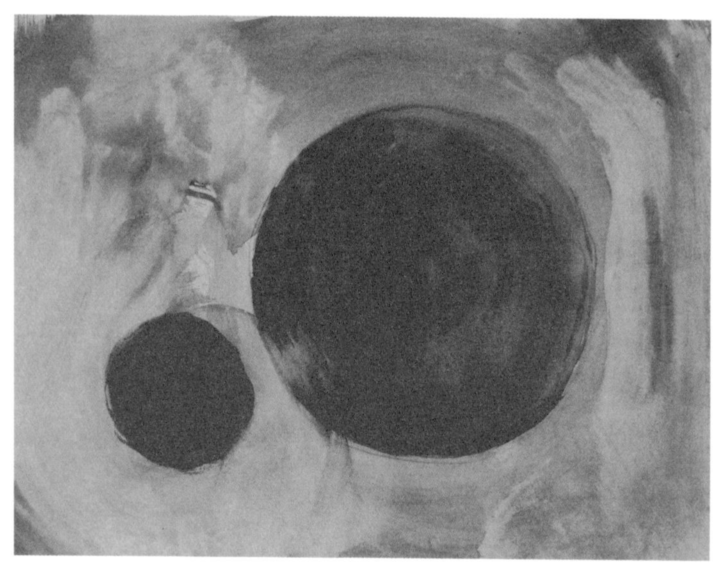

Hat das Gemälde eines Kirschbaums auch Wurzeln,
die bis tief in die Erde reichen?
Was sehen wir von dem, was wir sehen?

Does a painted cherry tree also have roots
that reach deep into the earth?
What do we see of what we see?

Fliessendes trifft auf gefrorenes Wasser,
erlöst es und fällt
in einem – Quelle unbekannt

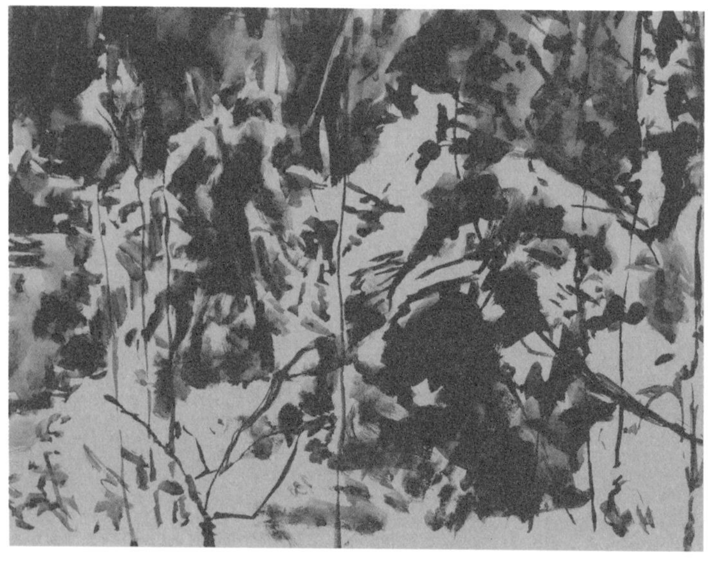

90
91

Flowing meets frozen water,
releases it, falling
into one—source unknown

Was sehen zwei Gemälde,
        die sich gegenüber hängen?
Zwischen ihnen ein Krug, der Risse zeigt

What do two paintings
        hanging opposite see?
Between them a pitcher, cracked

Ein Pinsel, gespalten,
        ob er's malen oder schreiben soll;
gleichgültig das weisse Papier

A paintbrush, torn,
        shall I paint it, write it?
Indifferent the white paper

Vor dem Brennofen erwartet eine Frau
mit geschlossenen Augen,
ihre Träume gebrannt zu sehen

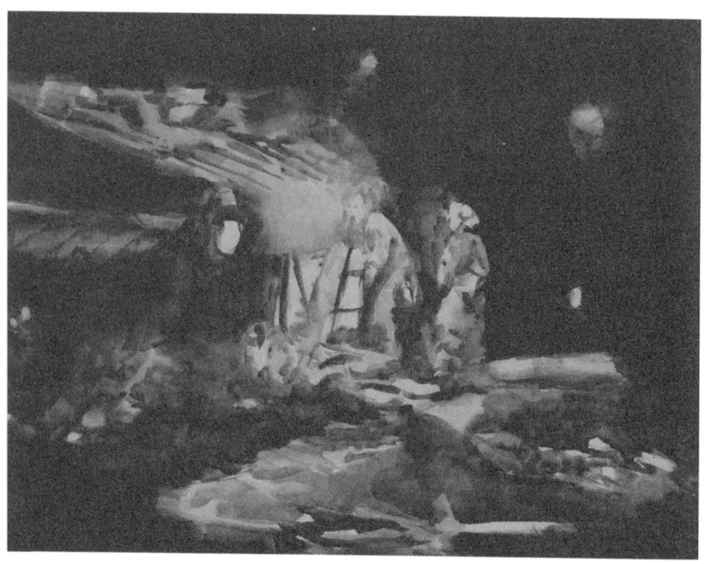

In front of the kiln, a woman
        her eyes closed,
waits to see her dreams fired

Die Töpferscheibe,
	auf der die Welt gedeutet wird,
ruhte an diesem Morgen

The potter's wheel,
	plied to read the world,
was at rest this morning

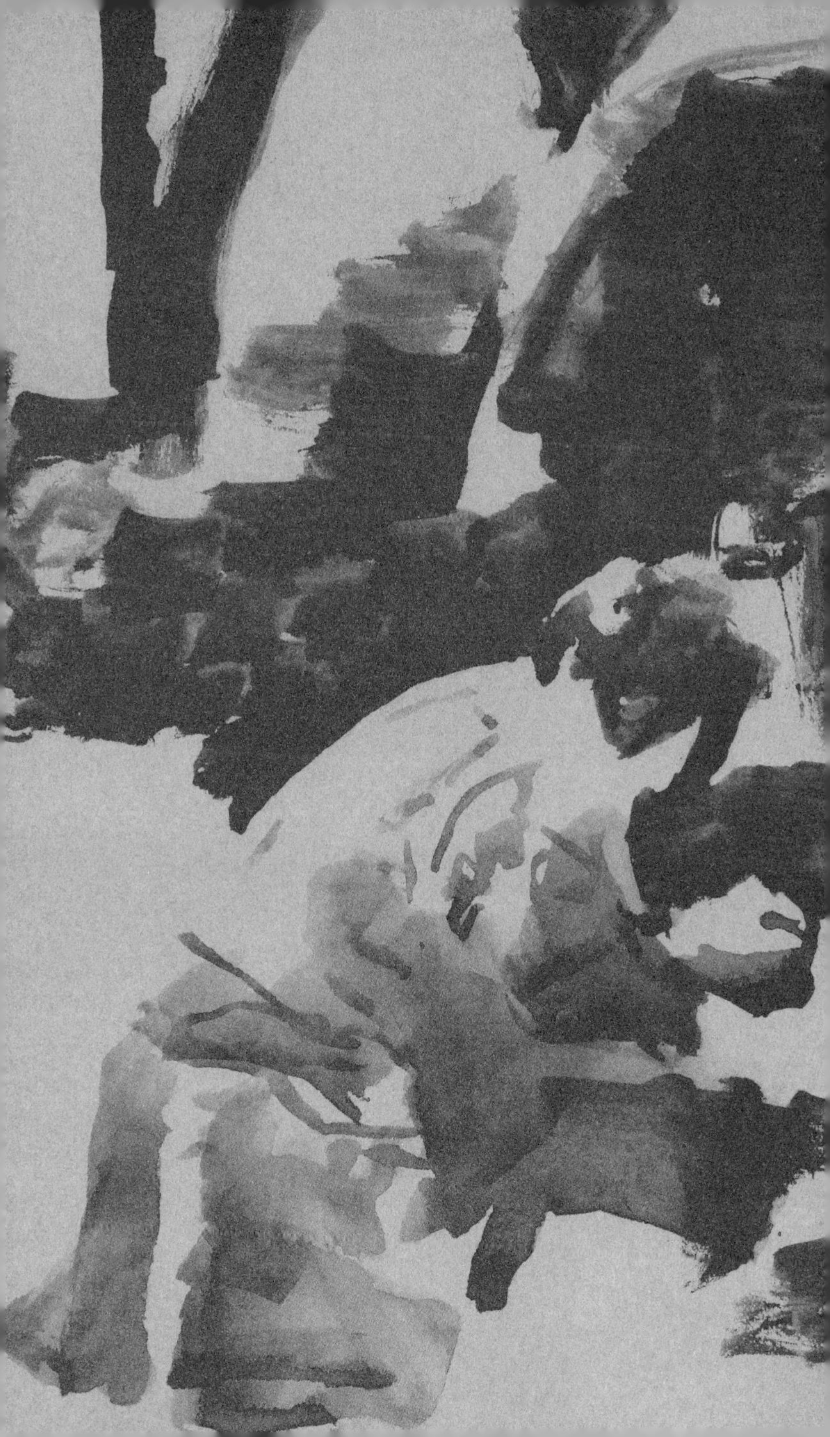

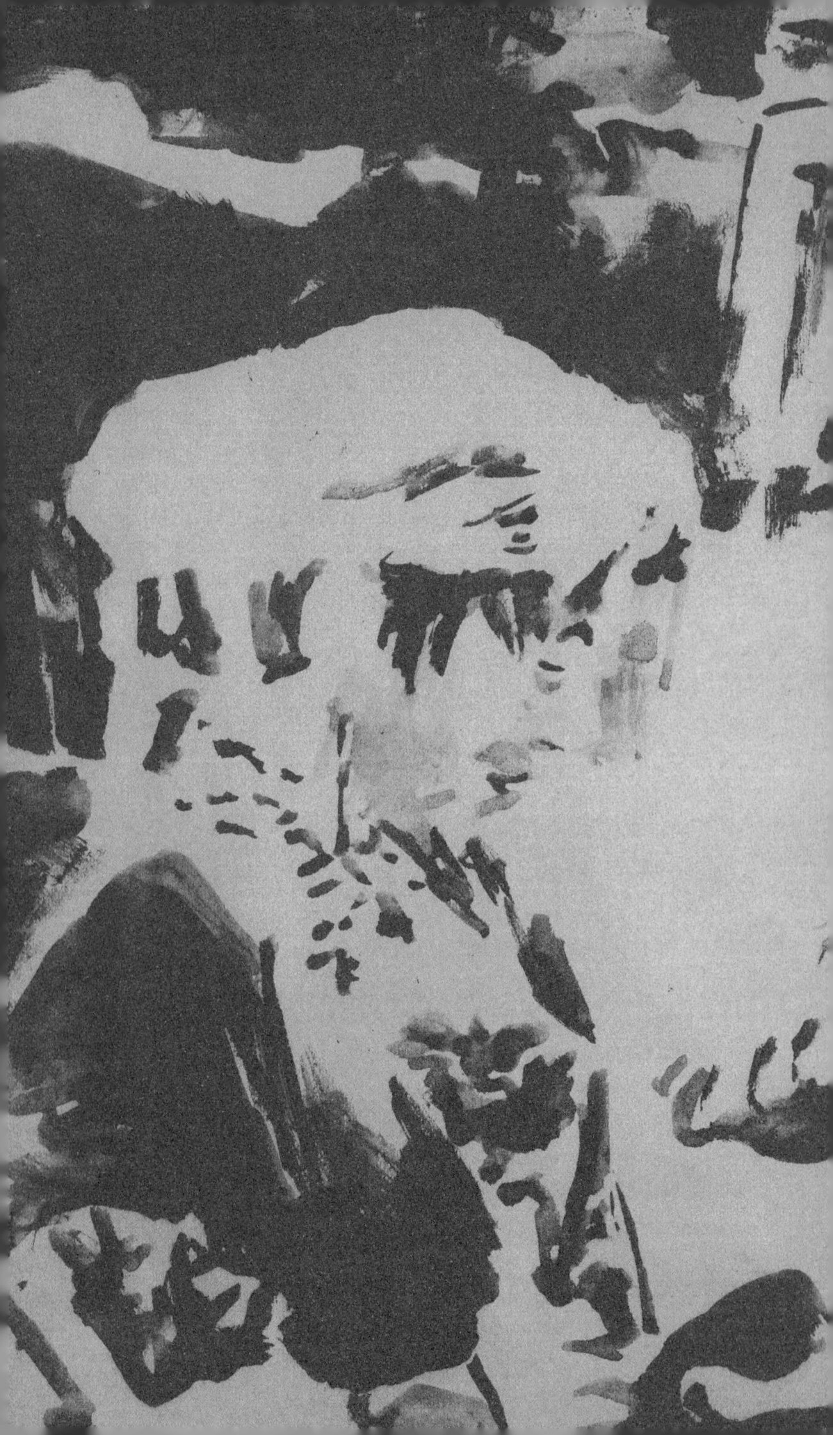

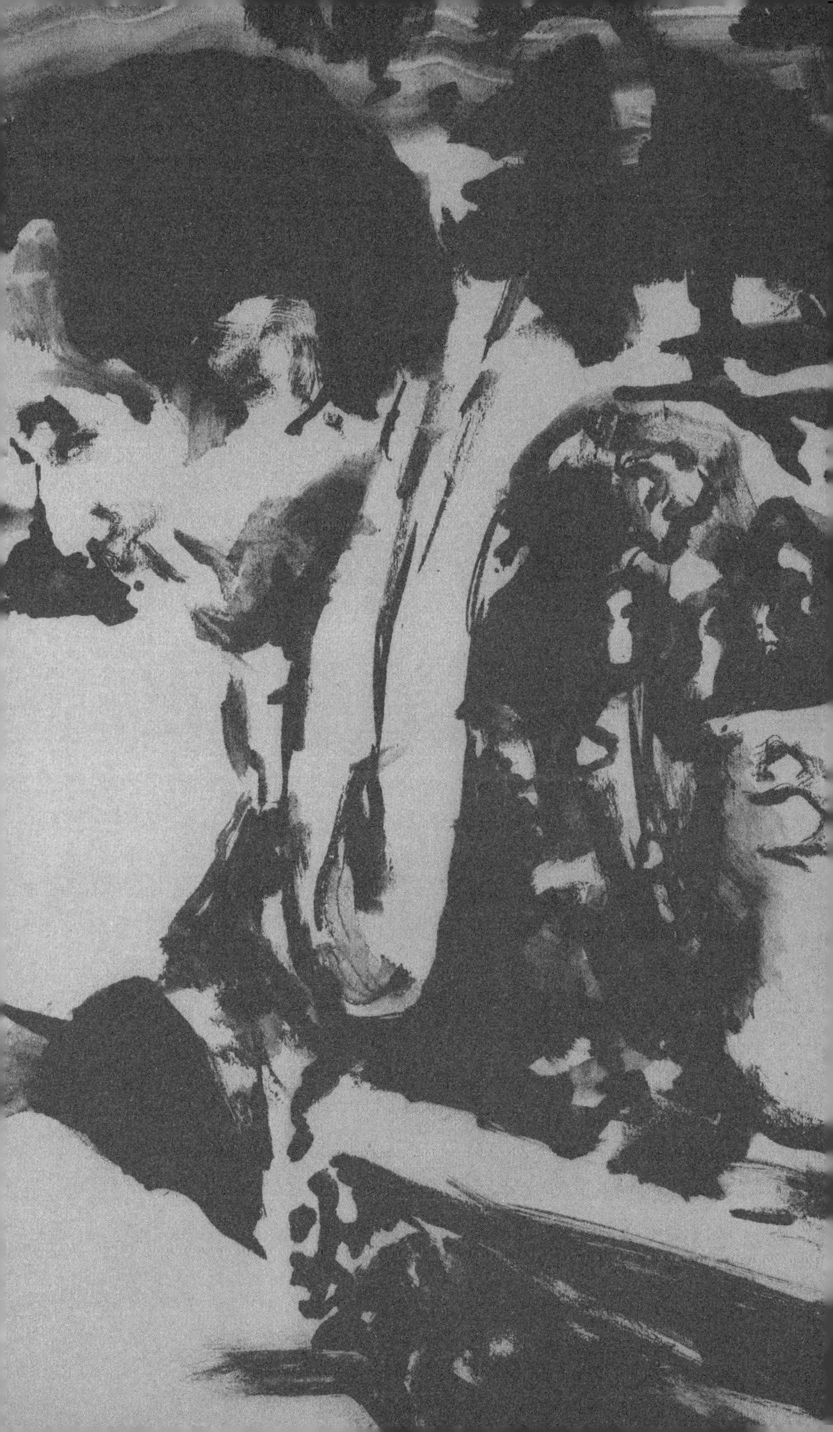

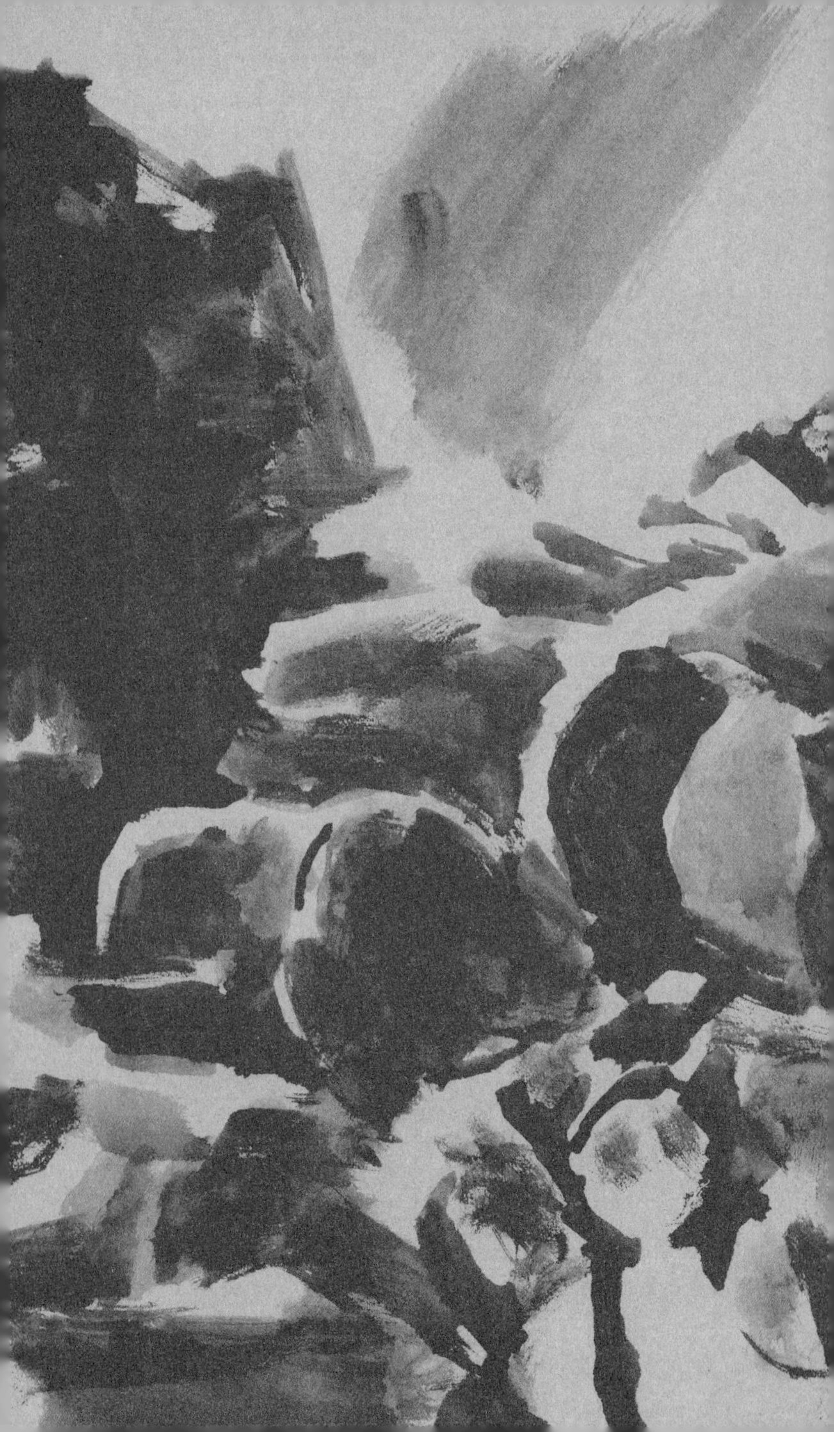

Wer zwischen Kunst und Handwerk
eine Grenze zieht, zieht auch eine
zwischen Leben und Arbeit – wozu?

Draw a line between art and craft
and you draw a line
between life and work—what for?

Eine Schale, ein Krug und eine Vase
stehen im langen Schatten
eines Brennofens. Es knackst!

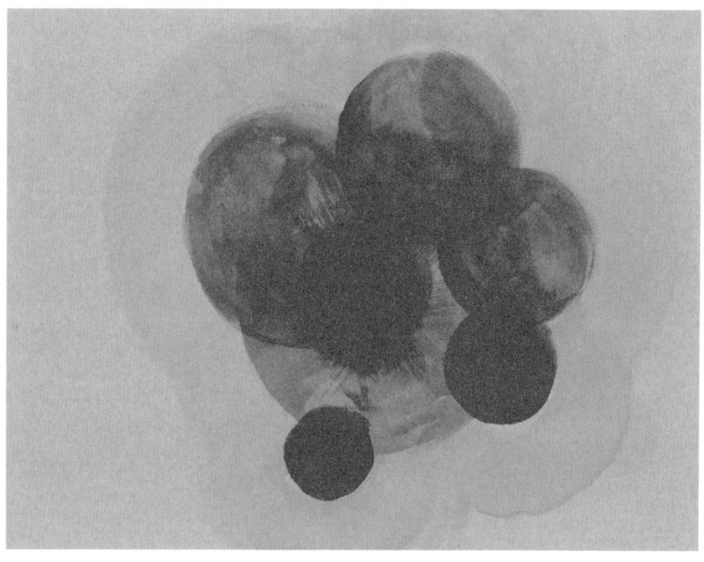

102
103

A ball, a pitcher, and a vase
        stand in the long shadow
of a kiln. Crackling!

Durch ein fremdes Haus folgt
        ein Mann einem Frauenschatten,
verfolgt von seinen Ängsten

A man follows a woman's shadow
        through a strange building,
pursued by his fears

Der schönste Kimono verliert seinen Glanz,
mögen unsere Geister auf ewig
in einer Sake-Schale kreisen

The most beautiful kimono loses its luster,
may our spirits circle
in a sake bowl forever

Bevor sie das Haus verlässt,
     berührt sie versehentlich einen Krug,
nicht ahnend, dass es ein Abschied für immer ist

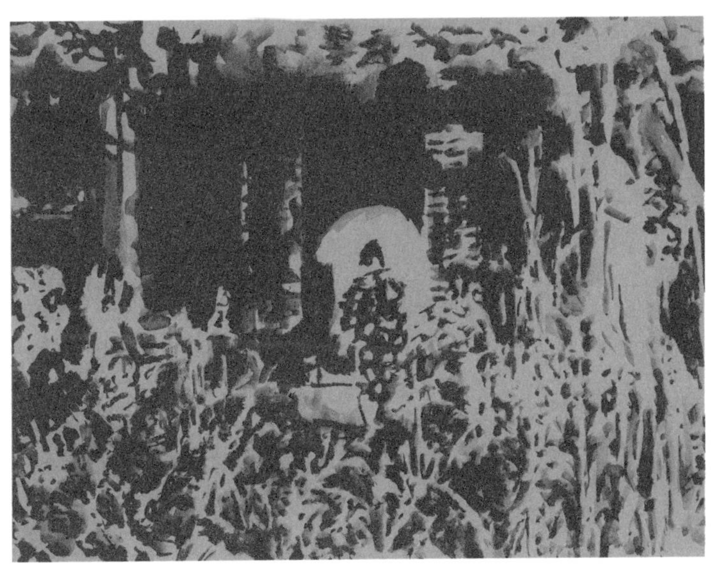

Before leaving the house
        she accidentally touches a jug,
not suspecting that it's a final farewell

108
109

Ist es ein Stöhnen? Ein Gebet?
Ein Jubel- oder Hilfeschrei?
Ich lausche, ohne zu erkennen

Is that a groan? A prayer?
A cheer or call for help?
I listen but cannot tell

In den Lack der Zivilisation
        brechen verhungernde Soldaten ein,
werden rasch zu Bestien

Starving soldiers break into
        the lacquer of civilization,
quick to become beasts

Nach ihrer Vergewaltigung hört eine Frau
        die sich entfernenden Männer singen,
sie kennt das Lied. «Und wer bin ich?»

Having been raped a woman hears
        the departing men singing,
she knows the song. "And who am I?"

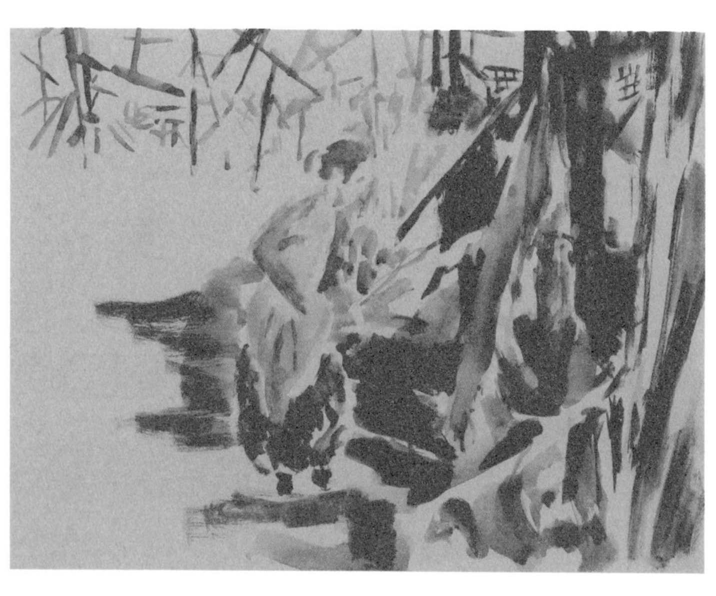

Töten, um dafür gelobt zu werden,
        Grenzen ziehen, wo keine sind,
Ehre, was für ein wertloser Begriff

112
113

Killing, to be praised for it,
        erecting borders where there are none,
honor, such a worthless abstraction

Armeen aller Zeiten
        kehren zurück,
waren nie fort

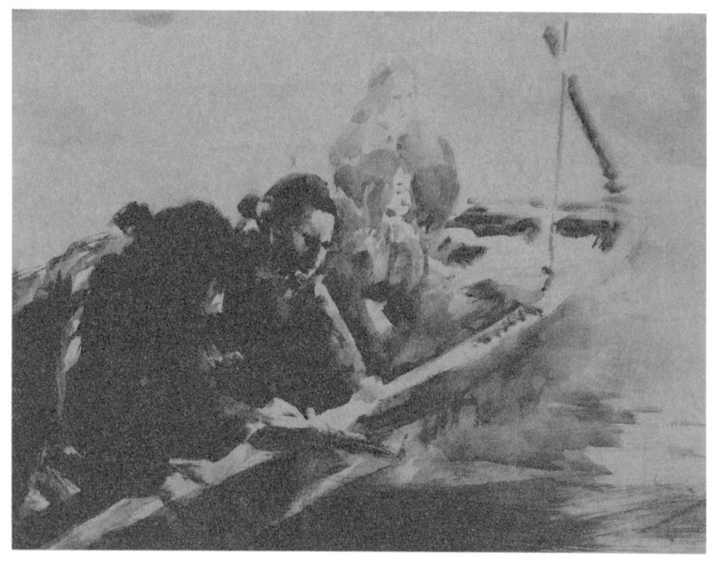

Armies of all times
        are coming back,
never went away

Gotteskrieger urinieren
        nach der Schlacht auf die Toten,
umarmen einander lachend

After the battle holy warriors
        urinate on the dead,
embrace each other laughing

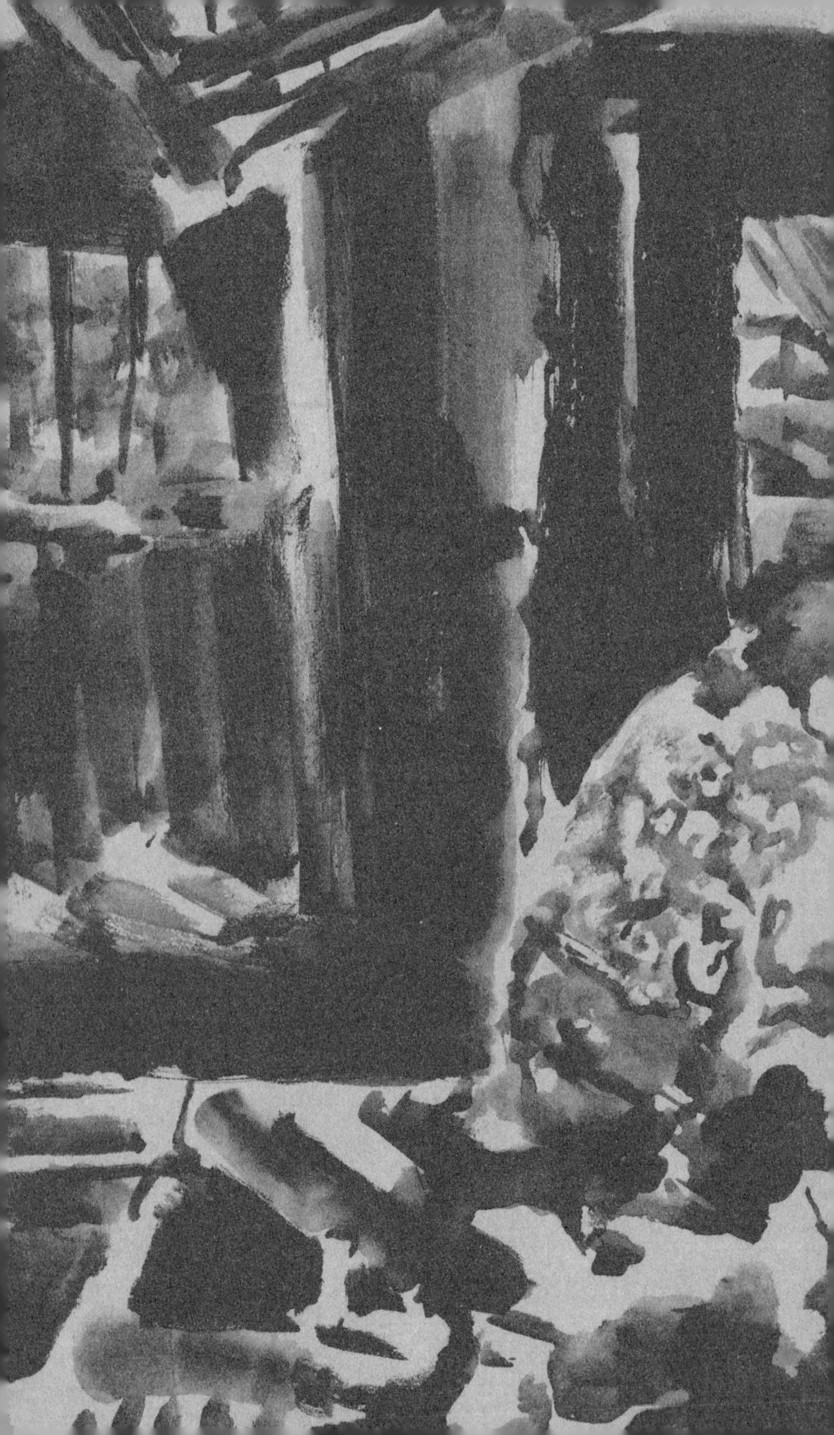

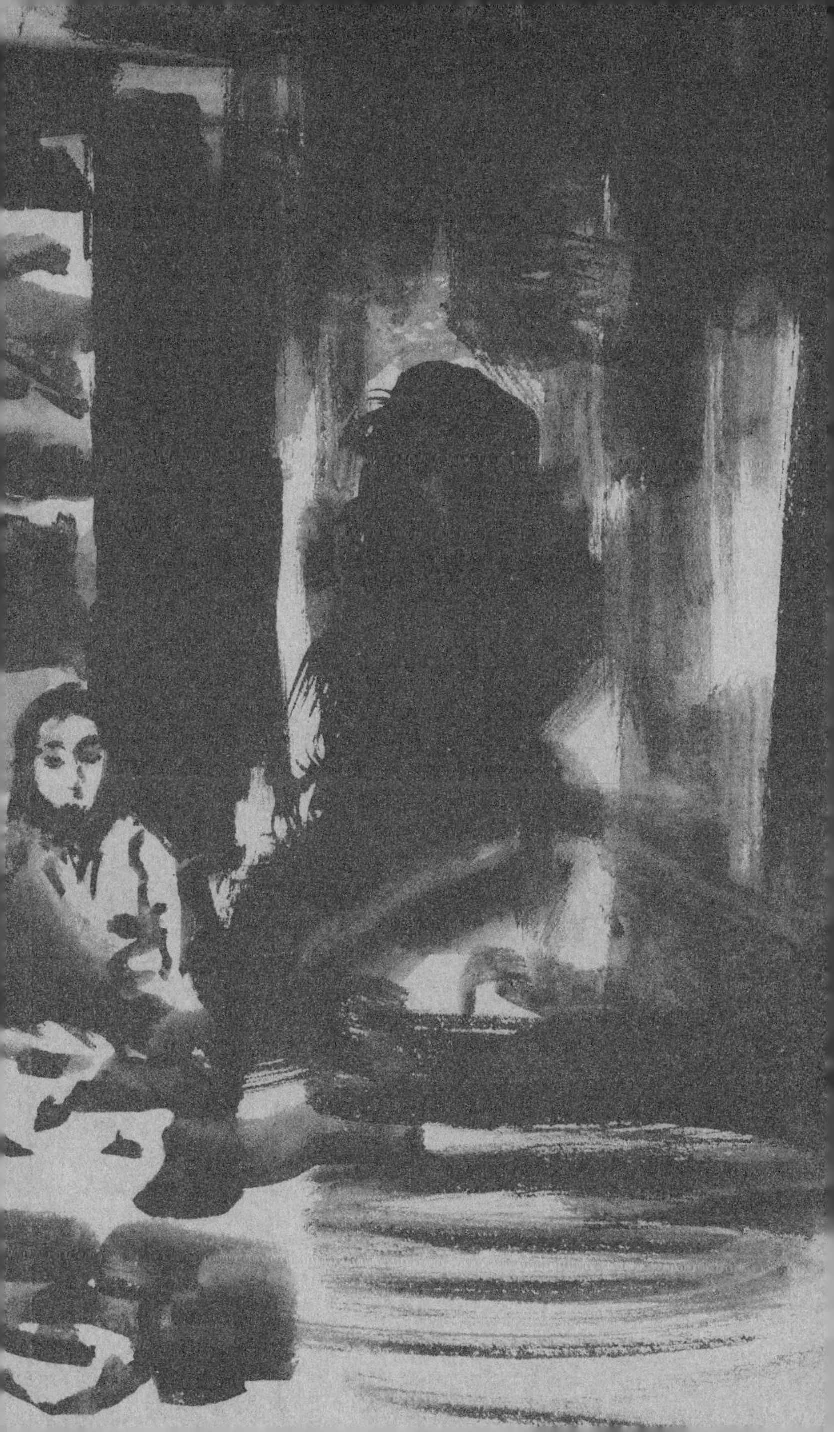

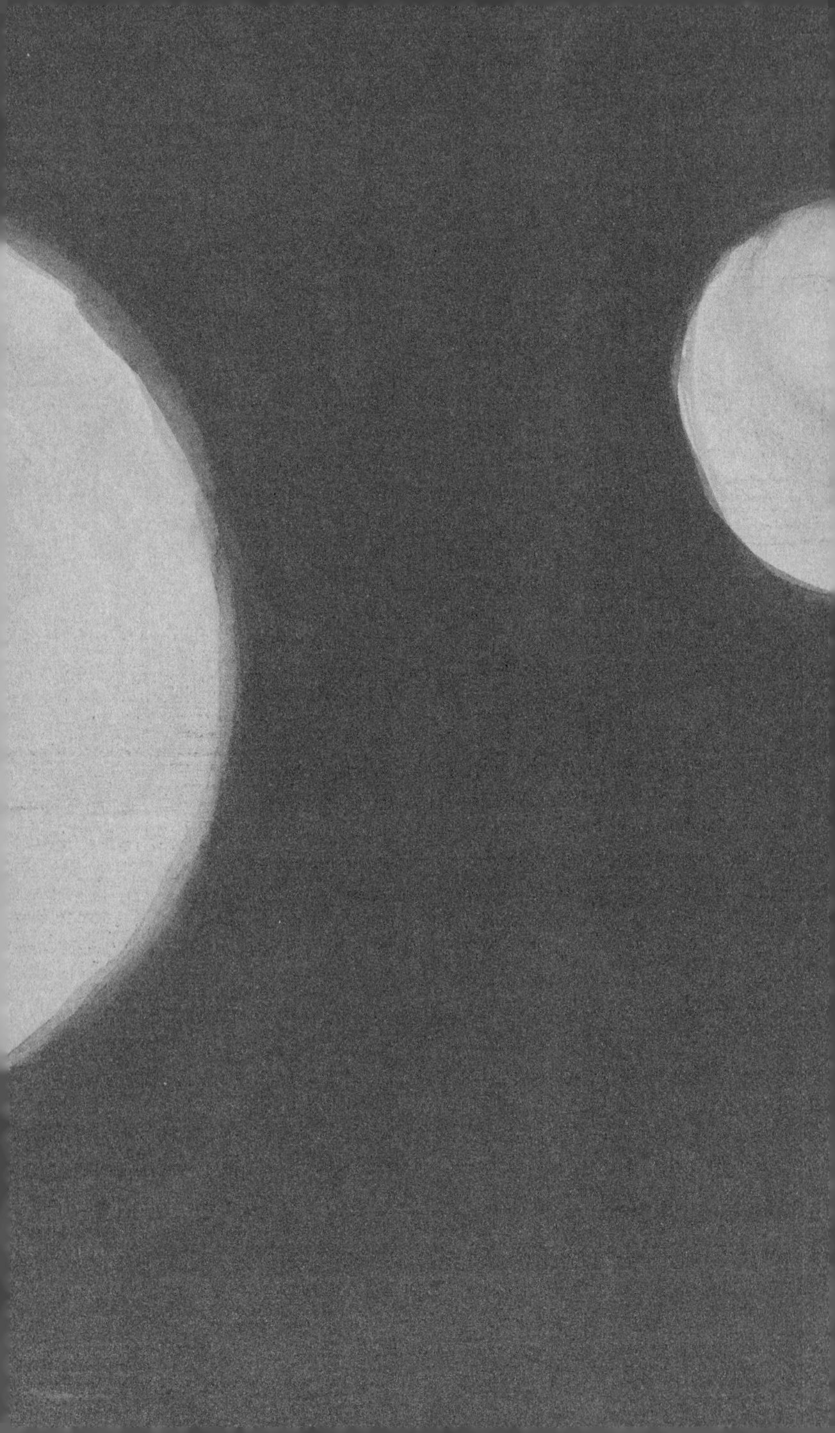

Nachdem sie vergewaltigt wurde,
        kommt eine Frau nach Hause,
setzt Wasser für einen Tee auf

Having been raped,
        a woman walks back to her house,
puts the kettle on for tea

Kahle Äste, in denen sich
        ein Geist verfangen hat,
winterlicher Morgen im Niemandsland

Bare branches in which
        a spirit has become entangled,
wintry morning in no man's land

Kurze Töne
       sehnen sich, lange
nachzuklingen – wer glaubt's?

Short tones
       long to
echo without end—really?

Mit knurrendem Magen sieht ein Soldat
in den Nachthimmel – Sterne,
so nah, als wären es Reiskuchen!

124
125

Stomach growling, a soldier looks
at the night sky—stars so close
they could be rice cakes!

Ein Herrscherlein tritt vors Volk,
        in einer Nussschale,
die im Strom dahintreibt

A little ruler appears to the people,
        drifting on the current
in a nutshell

Sie kämpft mit letzter Kraft
        für ihr Kind – weinend kniet es
neben seiner sterbenden Mutter

She fights for her child with the last
        of her strength—weeping it kneels
next to its dying mother

The voice of your blood,
do you hear it?
There is power in everything

Die Stimme deines Blutes,
vernimmst du sie?
Die Macht zeigt sich in allem

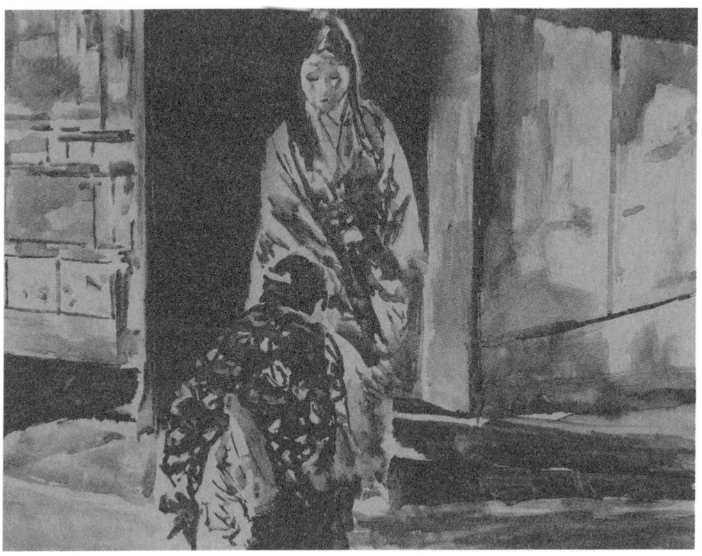

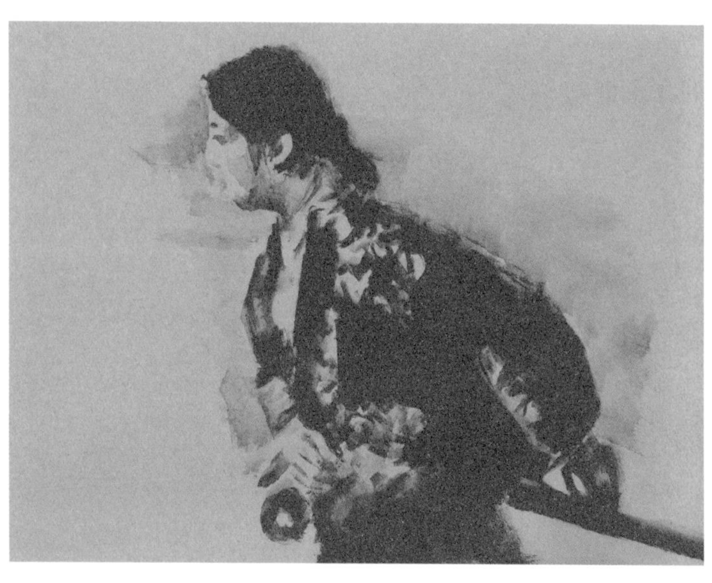

Schüsse in der Ferne
        wecken die Sehnsucht in dir,
dich an jenen zu rächen, die du nicht kennst

130
131

Shots from afar
        awaken in you the longing
to avenge those you do not know

Im Regen kehren Krieger
        schweigend heim,
die Toten zuerst

Silently warriors make
        their way home in the rain
dead ones first

Eine hell erleuchtete Grossstadt
      leuchtet so hell,
leuchtet alle Sterne aus – Dunkelheit jetzt!

A brightly illuminated city
      shines so bright,
brightening all the stars—darkness now!

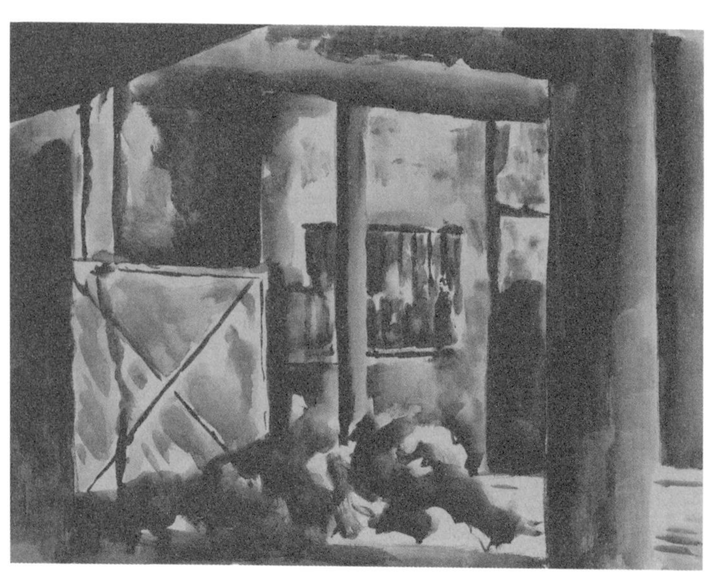

Schweben drei Geister aus einer Bar …
        alle drei betrunken; der erste kritisch,
der zweite skeptisch, der dritte logisch

134
135

Three spirits float out of a bar …
        drunk all three of them; the first critical,
the second sceptical, the third logical

Der Sake in ihrer Mitte,
        ein Versprechen: reden
in fremden Zungen

Sake in their midst,
        a promise: speaking
in strange tongues

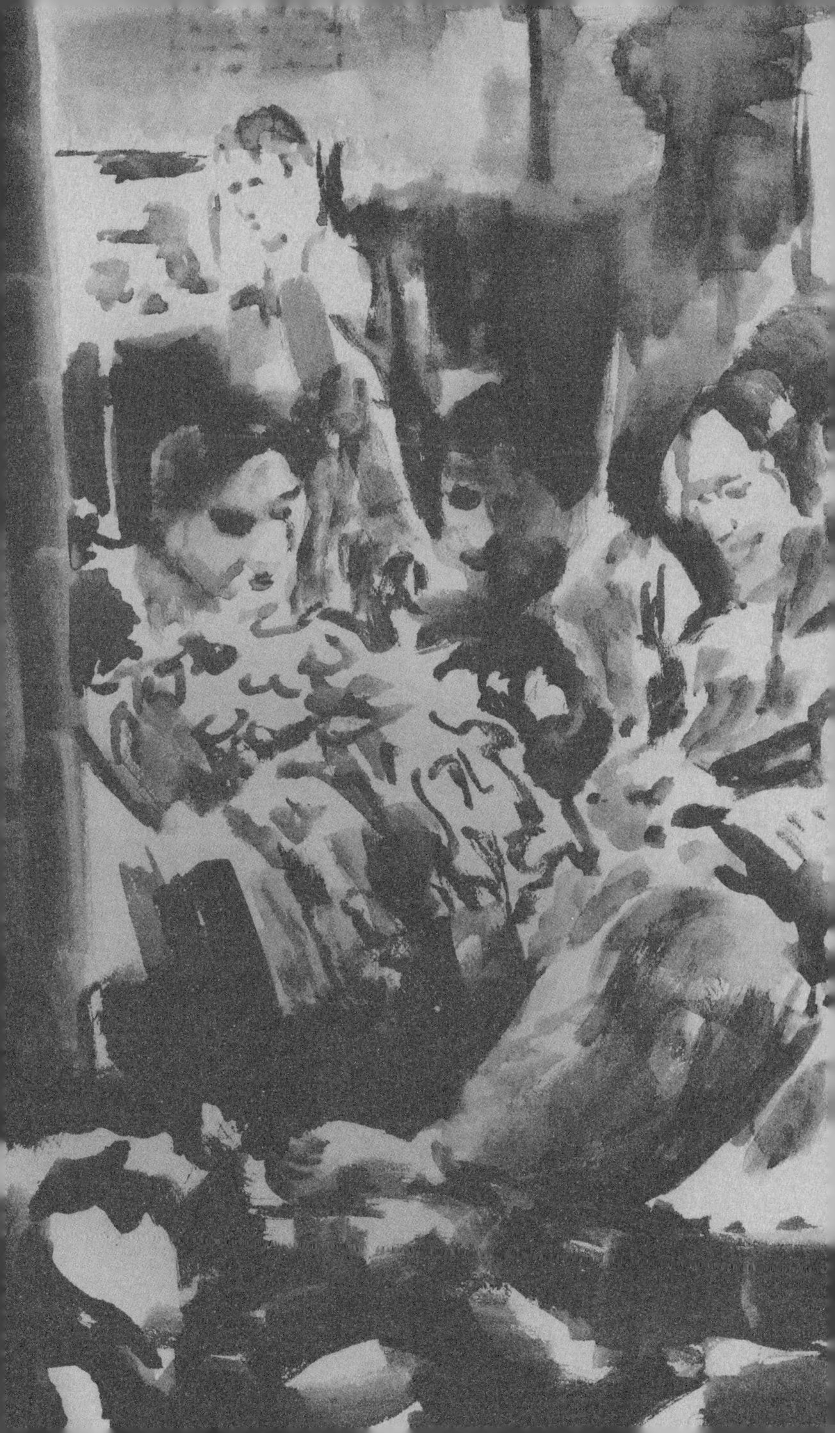

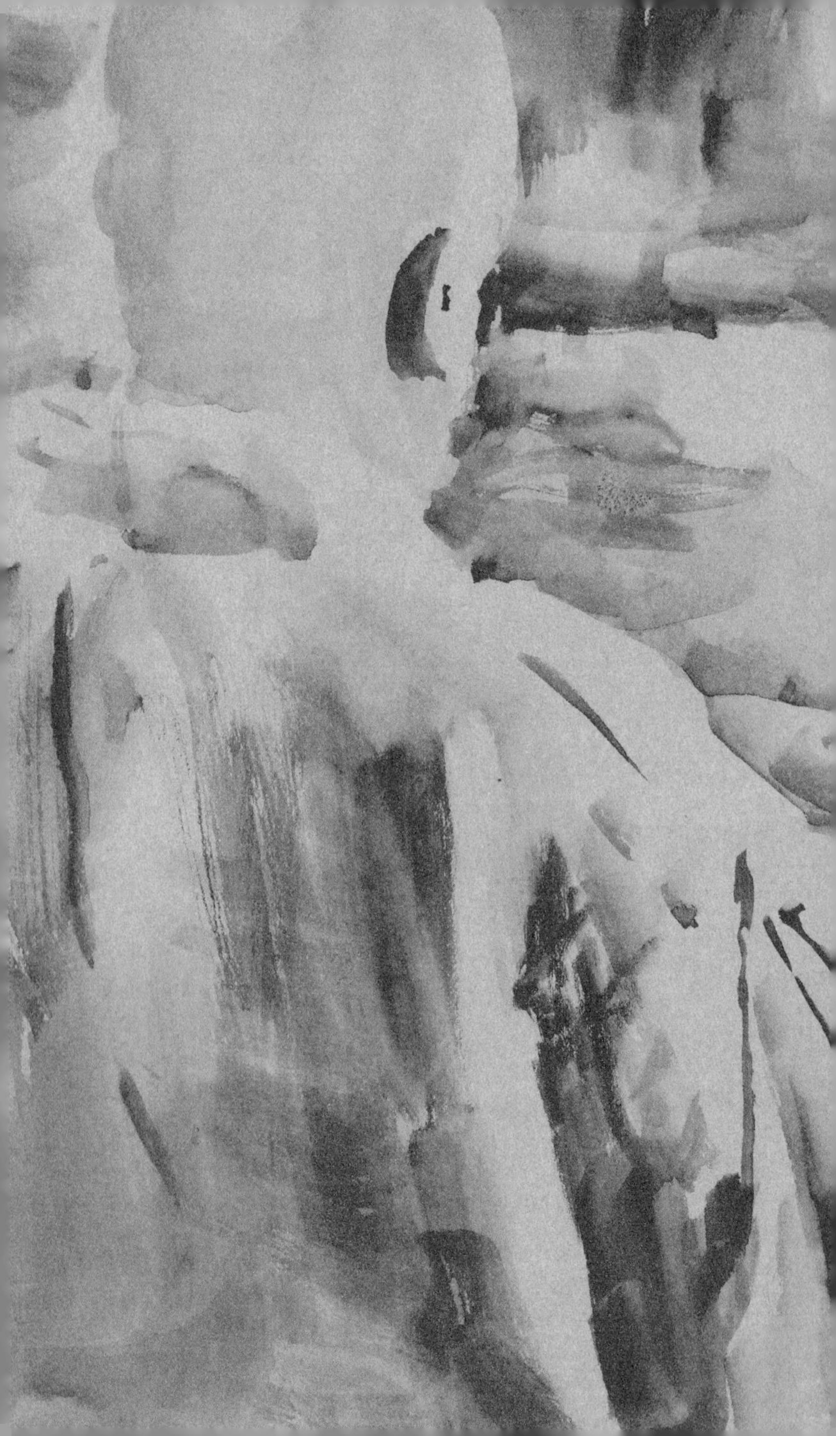

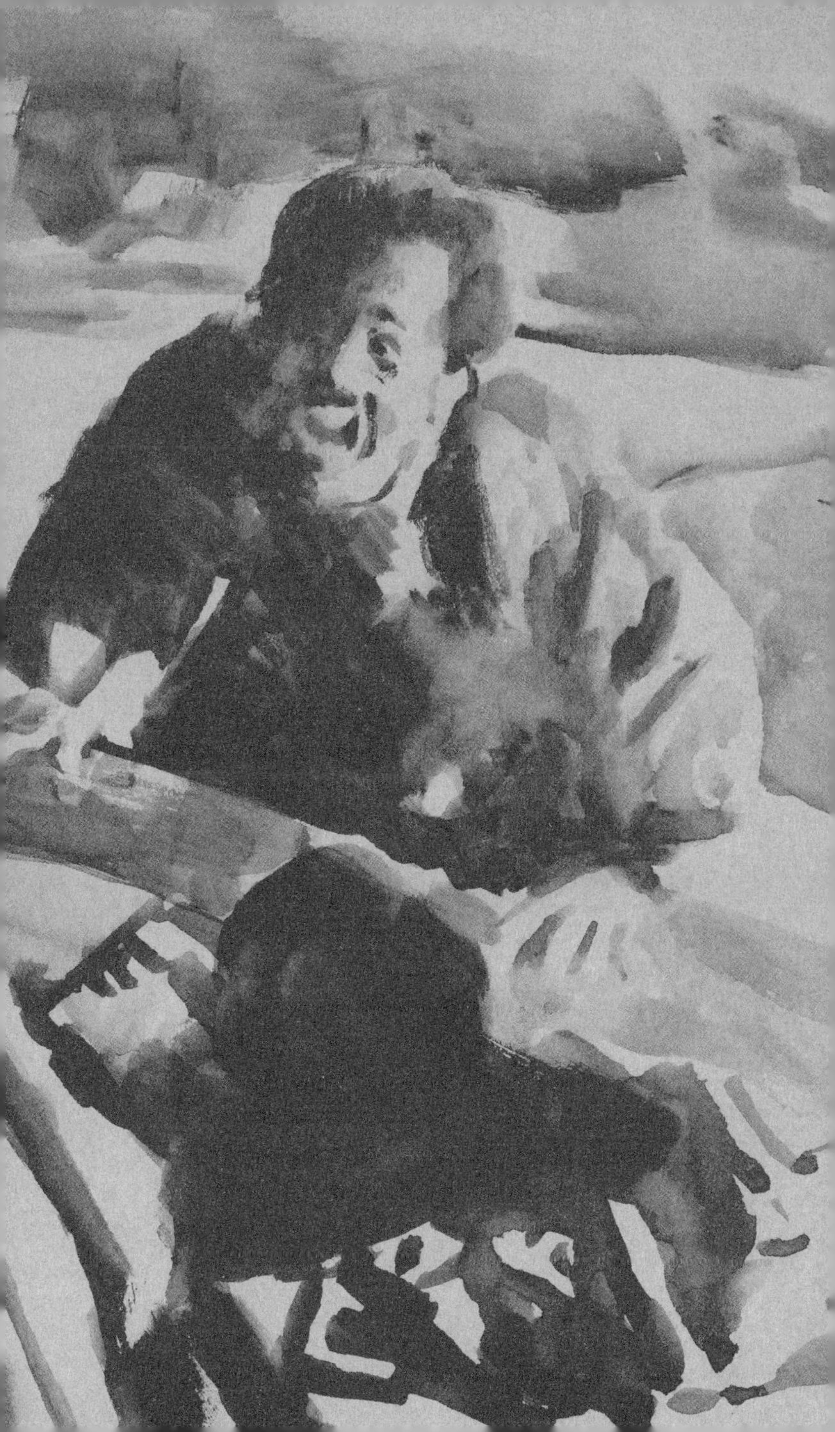

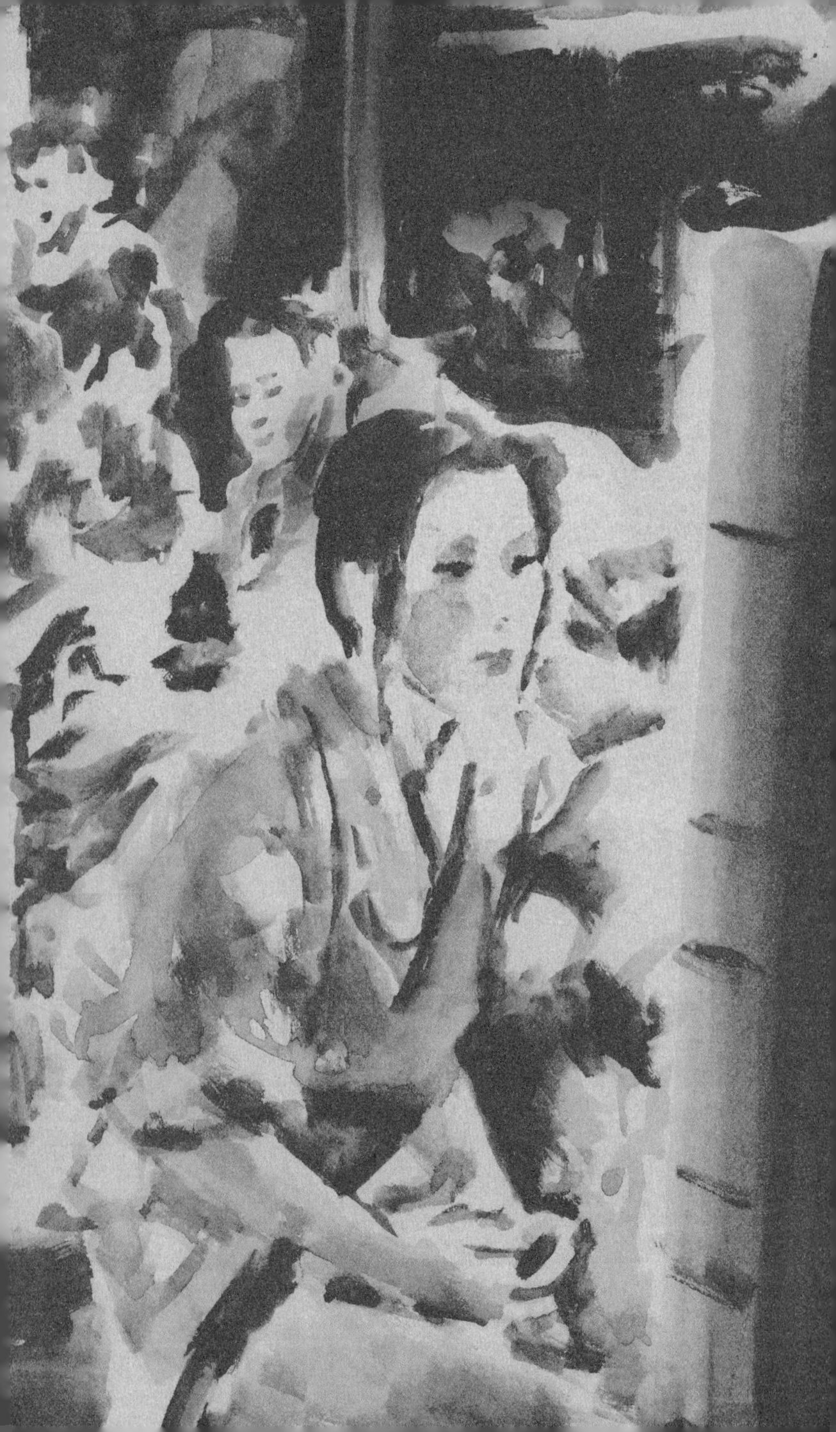

Weshalb hat niemals wer
        von drei Geistern namens
Logisch, Kritisch und Skeptisch gehört?

Why has no one ever heard
        of three spirits named
logical, critical, and sceptical, why?

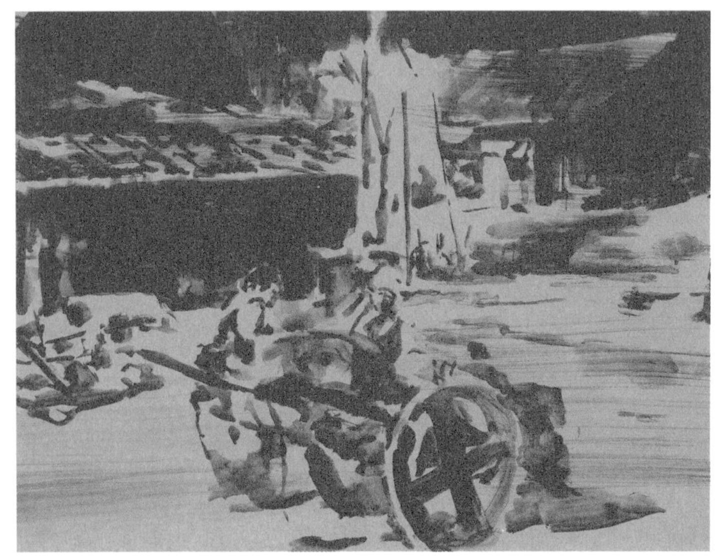

142
143

1. Wer hier bleibt, reist
     2. Wer reist, bleibt hier
3. Verschwinden werden wir

1. Stay here and you travel
     2. Travel and you stay here
3. Disappear, we will

Ein belebter Markt, nirgends
        lässt sich der Tod besser
vergessen als hier

Gefaltete Hände,
        gezeichnet auf Papier,
davor, gesenkten Blickes, eine Frau

Folded hands, drawn on paper,
        in front of them,
a woman, eyes lowered

Die eigene Haut zu Markte tragen,
um sie zu retten;
manchen bleibt nichts erspart

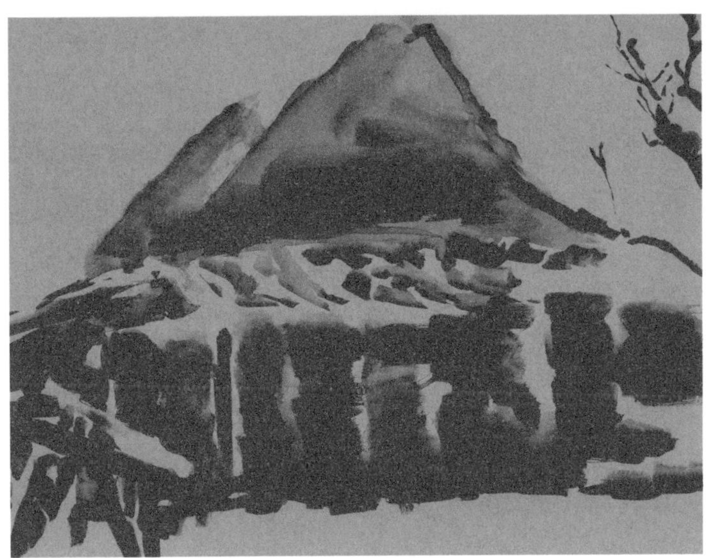

146
147

Saving your skin
    by taking it to market;
some people are never spared

Die Kunst der Kriegsführung,
	Verbrechen gegen die Menschlichkeit
als Kunst – sprachlos

The art of waging war,
	crimes against humanity
as art—speechless

Höret, all ihr gekränkten Nationalisten,
fremde Einflüsse loszuwerden,
hiesse die eigene Kultur zu verachten

Hark, all ye aggrieved nationalists,
rid yourselves of foreign influence
and you contemn your own culture

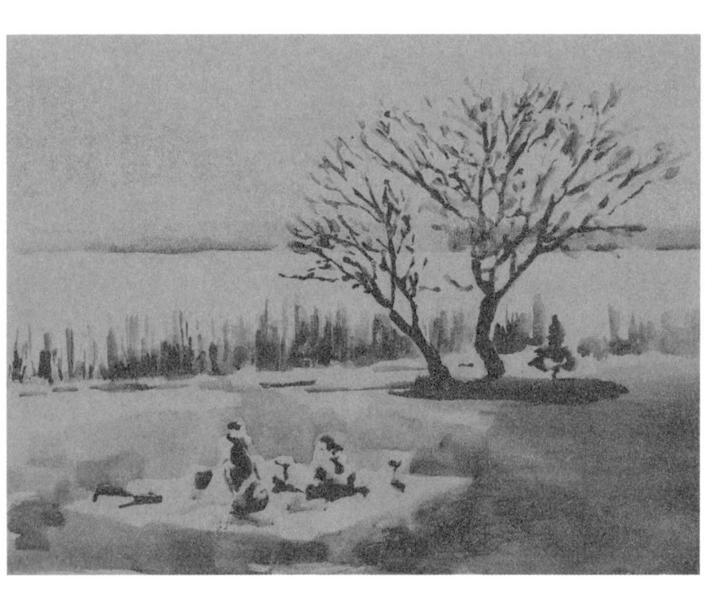

150
151

Den Selbstmord nicht zu schaffen:
    das ist kein Überleben;
wer nie so weit war, soll nicht darüber richten

Being unable to commit suicide:
    that is not surviving;
those who haven't been there shouldn't condemn

«Sie zweifeln an mir? Als wäre ich
            ein böser Geist, nicht wahr?»,
sagt sie und kichert, lautlos

"You doubt me, don't you?
        As if I were an evil spirit?"
she says and giggles mutely

Vor der Bucht treibt ein Boot,
es treibt verlassen,
verlassen wie ein Land

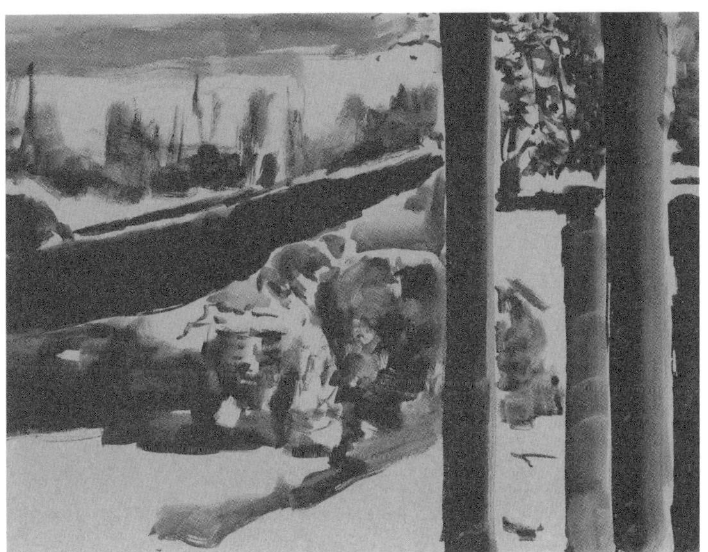

154
155

A boat adrift before the bay,
it drifts abandoned,
abandoned like a country

Der Erde müde geworden,
      hält der Mond Ausschau
nach Alternativen – er hat Zeit

Grown tired of the earth,
      the moon watches out for
alternatives—it has time

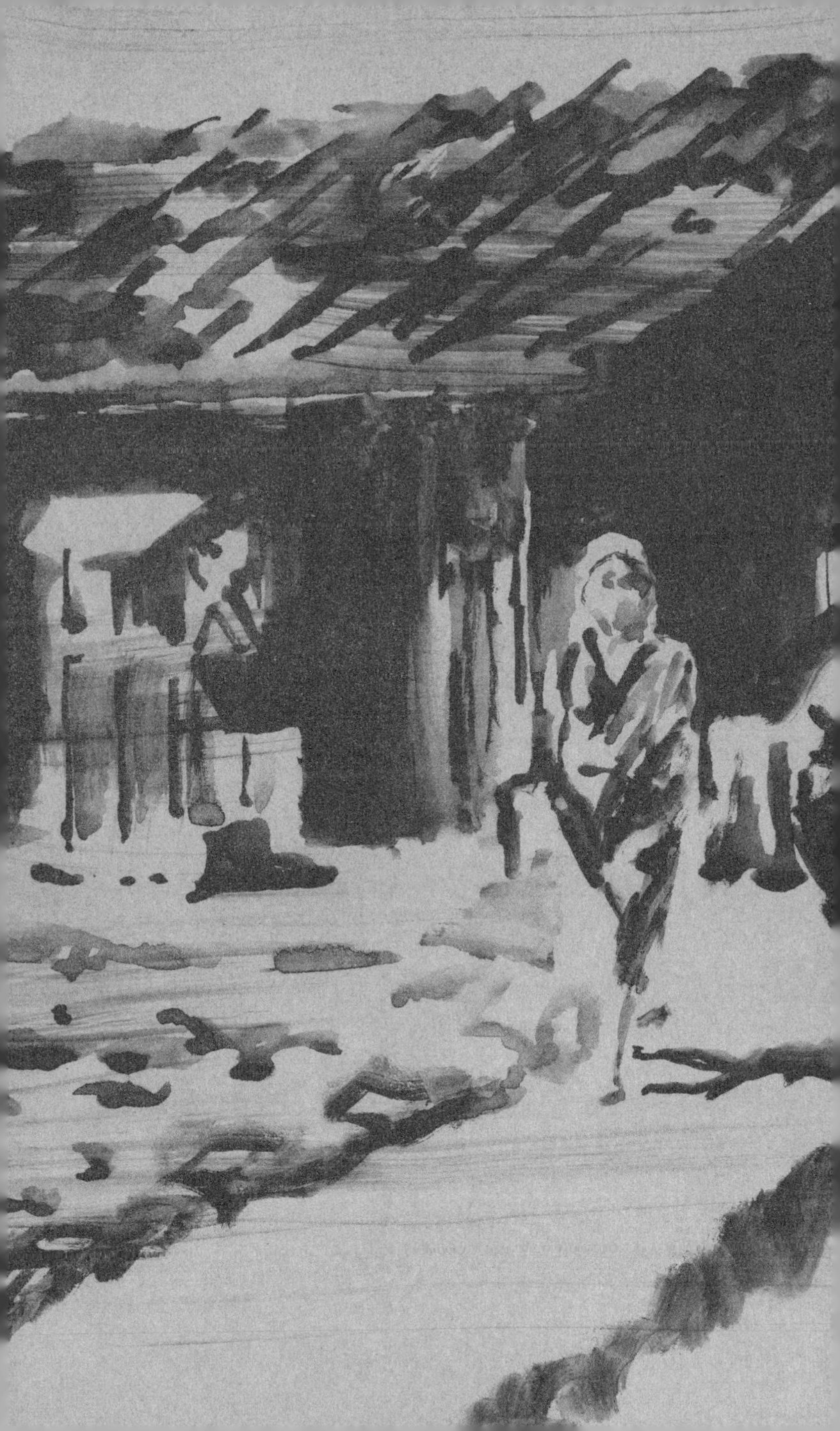

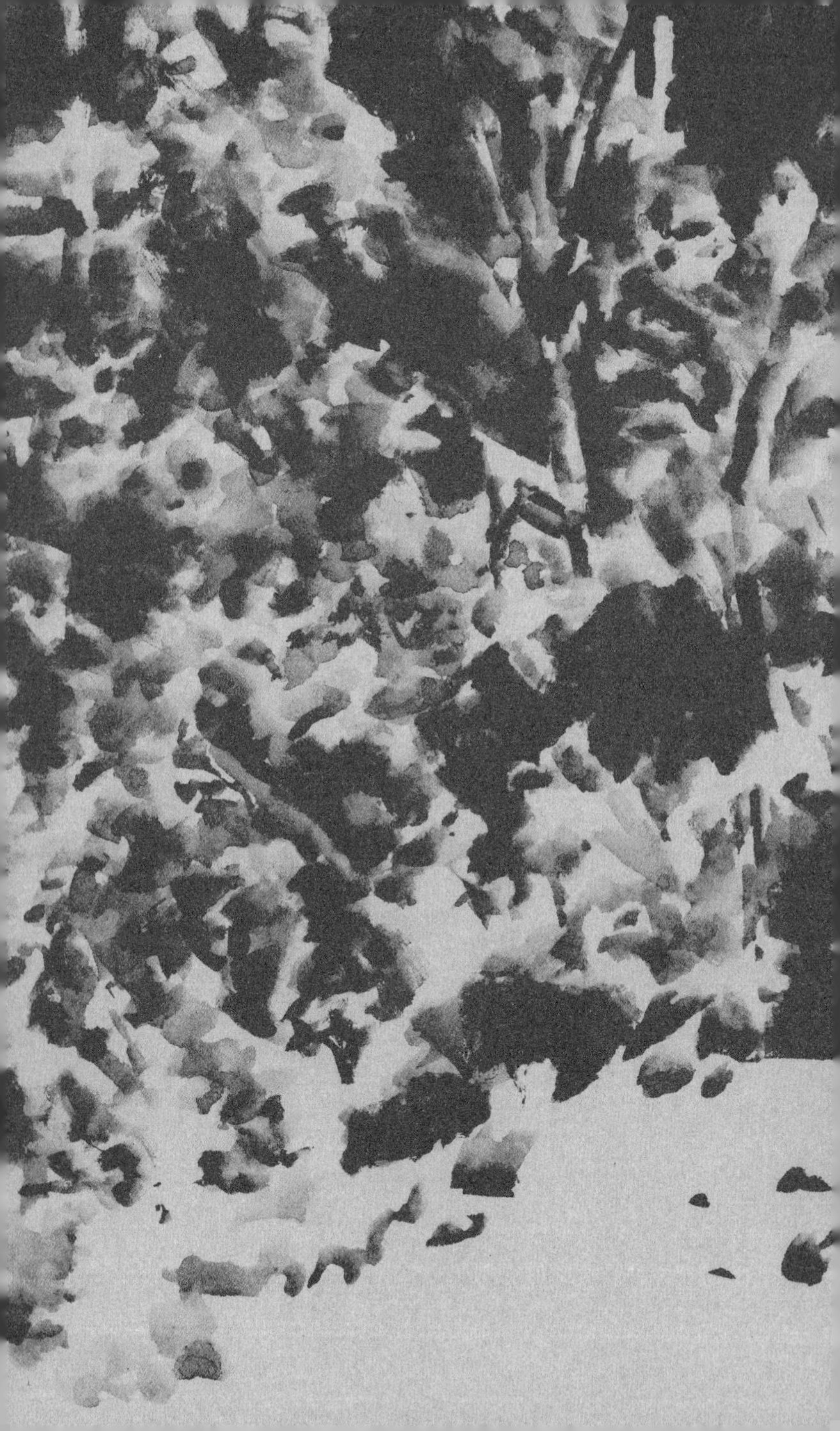

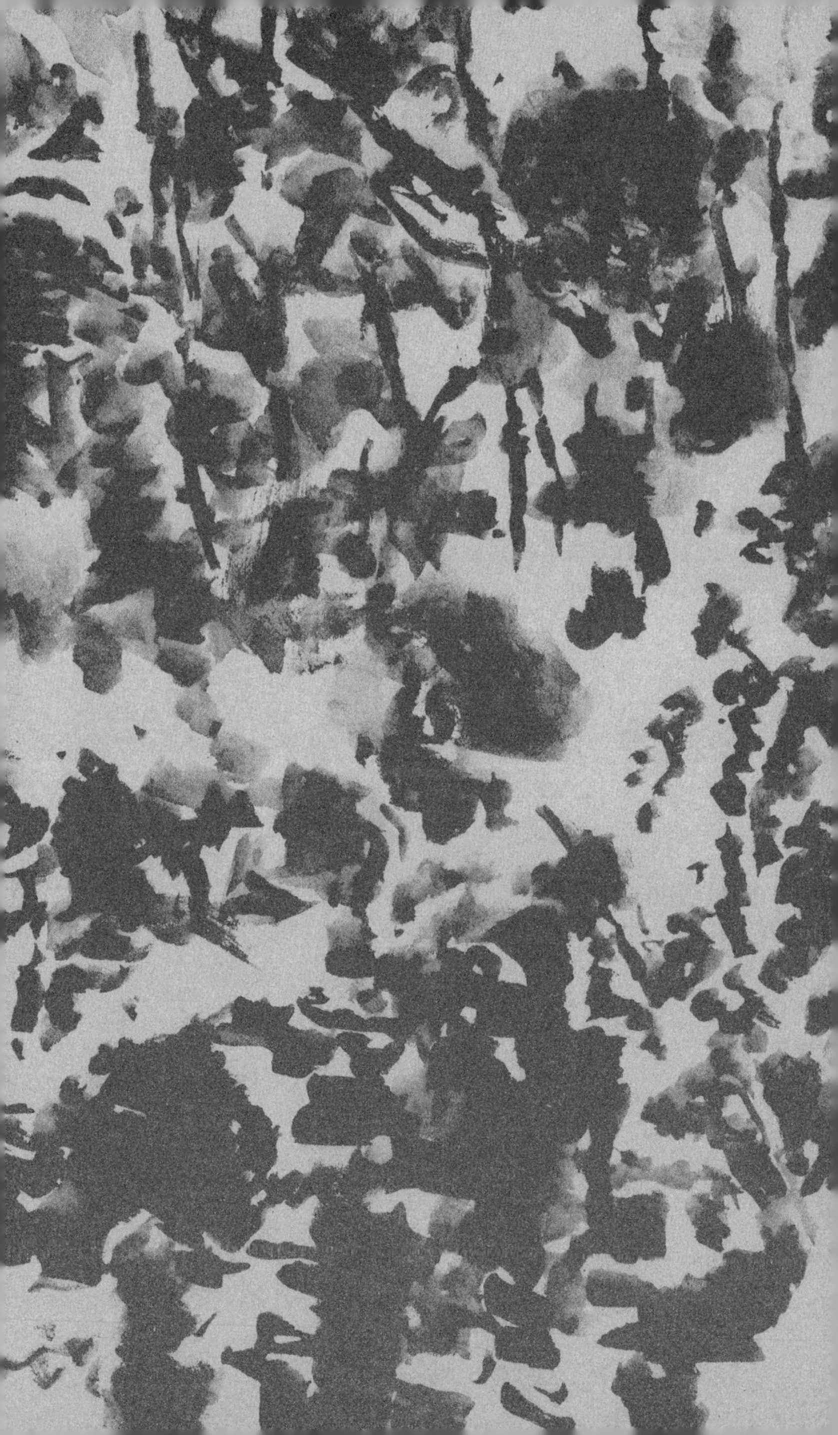

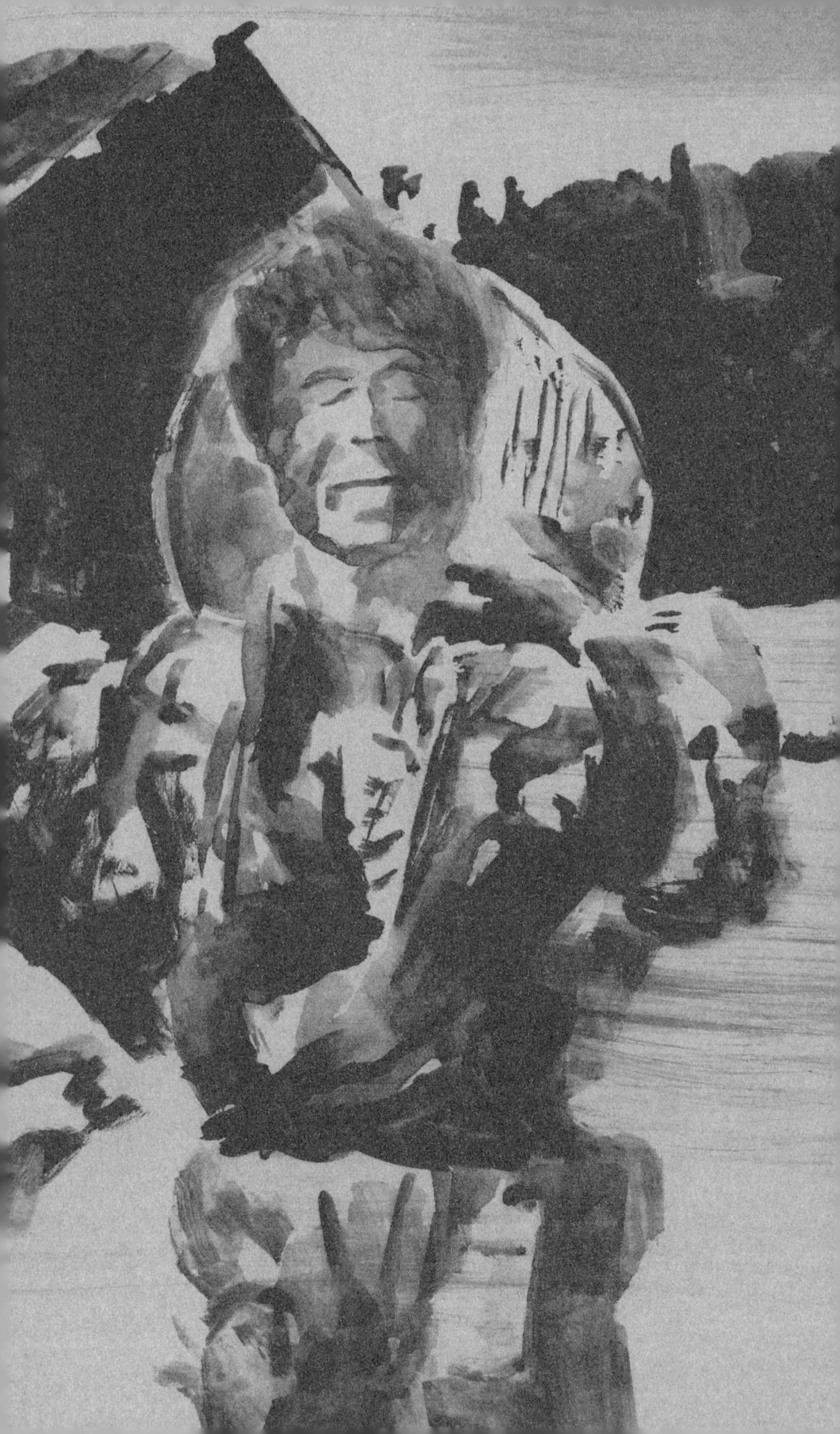

Ende des 16. Jahrhunderts,
        Frühlingsanfang am Biwa-See,
wer erinnert sich?

160
161

The end of the 16th century,
        the beginning of spring on Lake Biwa,
who remembers it?

Die chinesische Schrift erzählt uns
von der japanischen Kultur,
wie unverrückbar sie nie war

162
163

Chinese writing tells of
        Japanese culture and how
immutable it never was

Im Hochgeschwindigkeitszug
        liegen geblieben, ein Buch mit dem Titel
«Tee des stillen Geschmacks»

A book titled
        "Tea of Tranquil Taste,"
left behind in the high-speed train

Durchs Schilf geht ein schwacher Wind,
        auseinandertreibende Wolken am Himmel,
eine Gruppe Menschen erscheint, uneins

A gentle wind rustles the reeds,
        clouds drifting apart in the sky,
a group of people arrive, at odds

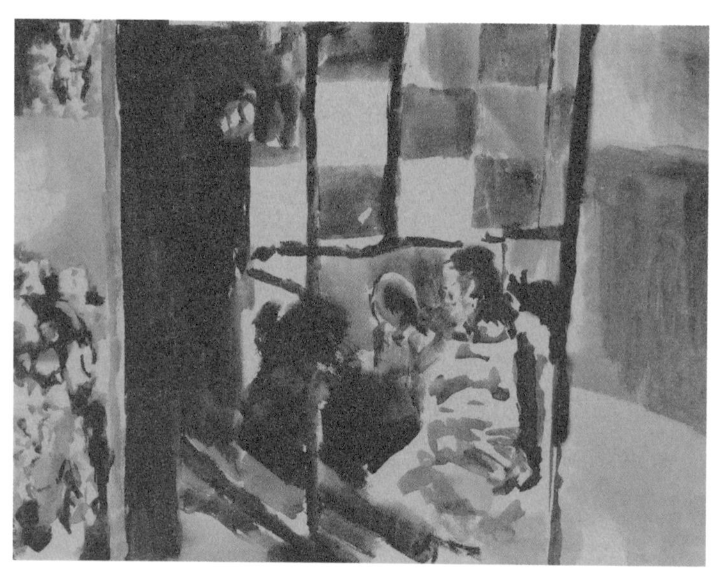

The moon shines on the water,
  somewhere the sound of women singing,
"Oh, that this night may never end"

Auf dem Wasser glänzt der Mond,
     von irgendwo ist Frauengesang zu hören,
«O möge diese Nacht nie enden»

166
167

Wir kehren zurück ins Haus,
        das uns nicht mehr gehört,
tun so, als wär es unbewohnt

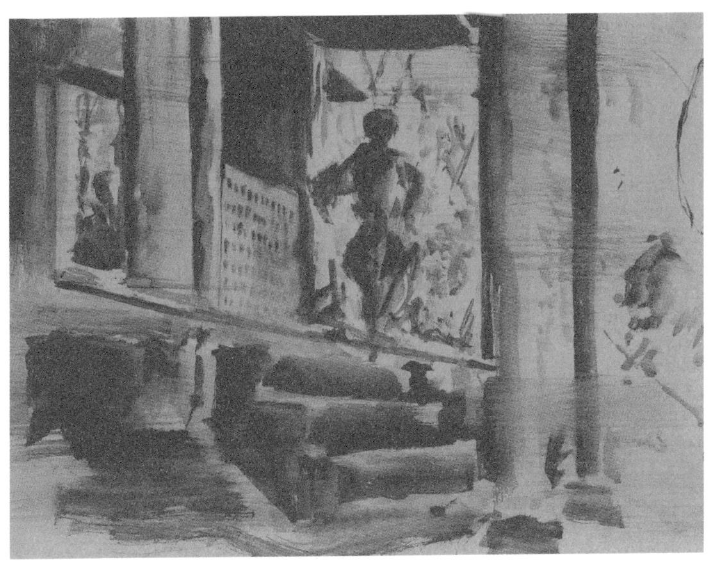

We return to the house
    that is no longer ours,
act as if it were empty

Wie Perlmutt glänzt
        die blaue Glasur des
vom Tisch fallenden Kruges

The blue glazing of the jug
        falling off the table
shines like mother-of-pearl

Ein kleiner Junge legt eine Schale
dampfenden Reises
auf das Grab seiner Mutter

A small boy puts a bowl
of steaming rice
on his mother's grave

Nächtliche Vogelstimmen,
    eine heisse Quelle im Licht des Mondes –
niemand, der davon erzählt

172
173

The voices of birds at night,
    a hot spring in the light of the moon—
no one to tell the story

Jürg Halter lebt und arbeitet in Bern als Schriftsteller,
Spoken Word Artist und Künstler. / Jürg Halter is a
writer, spoken word artist, and visual artist based in Bern.

Uwe Wittwer lebt und arbeitet als bildender Künstler
in Zürich. / Uwe Wittwer is a visual artist based in Zurich.

Herausgeberin / Editor: Mirjam Fischer, mille pages
Gestaltung / Graphic design: Martina Brassel
Übersetzung / Translation: Catherine Schelbert (Gedichte/
poems), Rupert Hebblethwaite (Vorwort / foreword)
Lektorat Gedichte / Editing of poems: Christian Zehnder
Korrektorat / Proofreading: Michaela Alex-Eibensteiner
Bildbearbeitung / Lithography: Marjeta Morinc
Druck / Printing: J. E. Wolfensberger AG

Verlag Scheidegger & Spiess
Niederdorfstr. 54, 8001 Zürich / Zurich
Schweiz / Switzerland
www.scheidegger-spiess.ch

Der Verlag Scheidegger & Spiess wird vom Bundesamt
für Kultur mit einem Strukturbeitrag für die Jahre
2021–2024 unterstützt. / Scheidegger & Spiess is being
supported by the Federal Office of Culture with
a general subsidy for the years 2021–2024.